JN325033

聞き書き・島の生活誌④

# 海と山の恵み

## 沖縄島のくらし2

# はじめに

沖縄といえば、美しい海、彩り豊かな生き物があふれるサンゴ礁と固有の動物がすむ照葉樹林が注目されます。時々刻々と姿を変える多様性の海に暮らし、その恵みを余すところなく利用してきた人々。山からはさまざまな木々が建材、薪や木炭、さらに染料などに姿を変えて、街に供給されました。木はただ切ればよいというものではなく、材の規格は厳しくてよい材を求めて山を巡り歩いた人々がいます。こうして得られた海の幸、山の幸は街の市場《いちば》を豊かに彩り、人々の生活を潤してきました。「オバァなんかが歩いた山道は、今の若い人は絶対歩ききれんさぁ」と笑っておられる言葉にうなずきながらうかがった、海・山・里に生きてきた人々の語りは、豊かで尽きることがありません。

「地球研・列島プロジェクト・奄美沖縄班」としてまとめた聞き書きも、①『野山がコンビニ――沖縄島のくらし』、②『ソテツは恩人――奄美のくらし』、③『田んぼの恵み――八重山のくらし』にひき続いて、四冊目です。この巻では、海の幸、山の幸あふれる沖縄島で暮らす人々の聞き書きを収録しました。

この一連の試みが、文科と理科のわくをとりはらい、調査する側・される側の敷居を超えて、自然と共存して生きてきた人々の知恵をみんなで学び直すためのきっかけのひとつになれば、これほどうれしいことはありません。

お世話になった島の方々と列島プロジェクトの皆さんに感謝いたします。

# 目次

目　次

北緯28°
硫黄鳥島
伊平屋島
与論島
27°
伊是名島
⑤安田
①備瀬
④奥間
伊江島
粟国島
②名護・グスクヤマ
沖縄島
久米島
③那覇
慶良間諸島
26°
20km
東経127°
128°

# 第１章　本部町備瀬・サンゴ礁の海と魚と漁

話者　本部町備瀬《びせ》　喜屋武《きゃん》義和《よしかず》、満名《まんな》昭次《しょうじ》、玉城《たまき》真光《しんこう》、天久《あめく》栄《さかえ》、
天久善秀《よしひで》、天久正秀《まさひで》、比嘉《ひが》キヨ、喜屋武絹代《きぬよ》さん

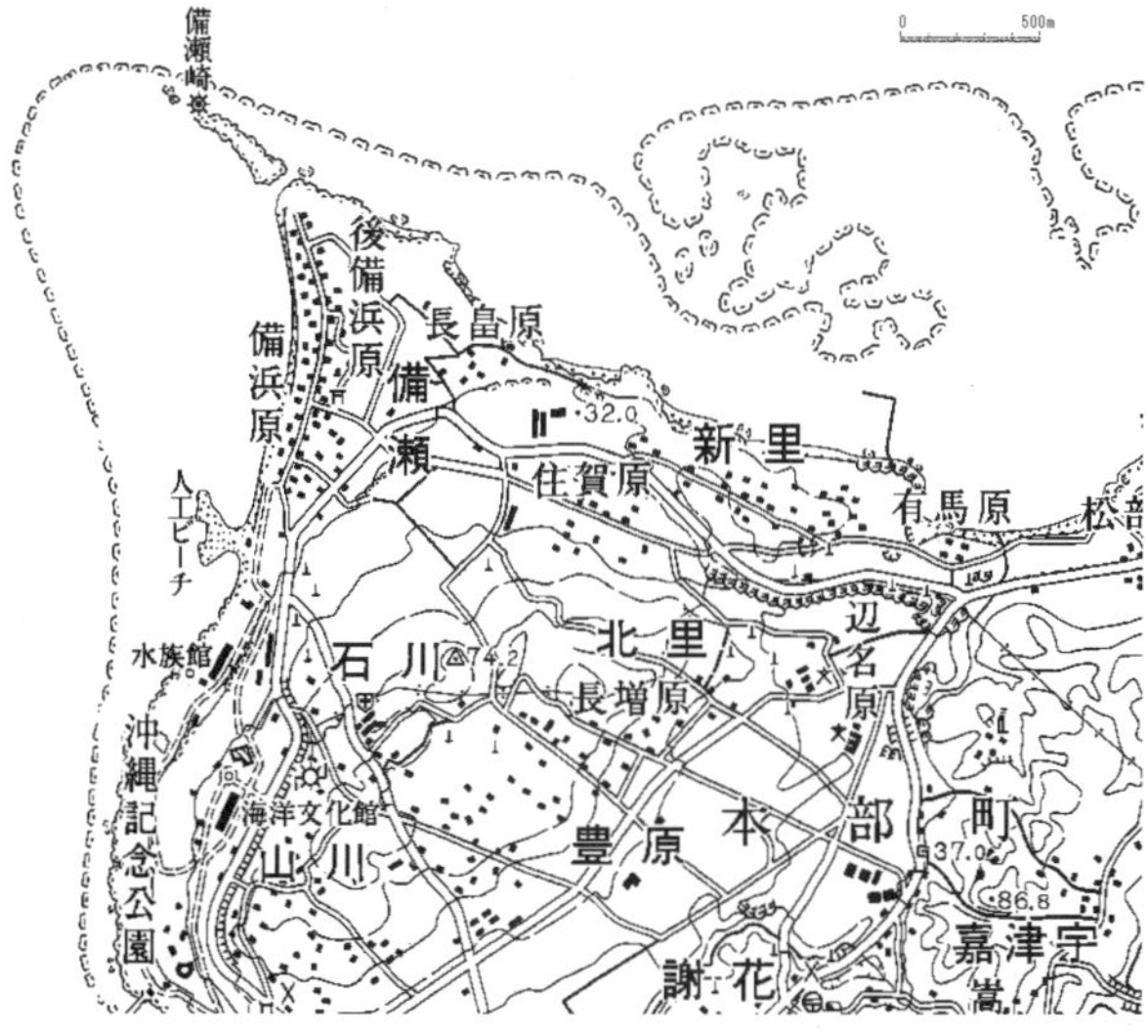

福祉タクシー（西原町）の代表取締役・喜屋武貞夫《さだお》さんのご紹介で、本部町備瀬にお住まいの弟さん、喜屋武義和さん（本部漁協理事）を初めてお訪ねしたのは二〇〇八年春。それ以来、備瀬のウミンチュー（海人、漁師さん）たちが開いてくださった、サンゴ礁の海と魚と漁について語りあう「海の居酒屋」は八回を数えました。海の師匠は（お会いした順に）、喜屋武義和さん（昭和二二年生まれ）、満名昭次さん（昭和二八年生まれ、本部漁協モズク養殖生産部会部長）、玉城真光さん（昭和二六年生まれ）、天久栄さん（昭和五年生まれ）、天久善秀さん（昭和一七年生まれ）、天久正秀さん（昭和三五年生まれ）の六人。手料理のご馳走とともに、語らいの場をご提供いただき、また会話へもご参加くださった比嘉商店主の比嘉キヨさん（昭和二年生まれ）と喜屋武さんの奥様・絹代さんには大変お世話になりました。本章では、「海の居酒屋」から三話紹介します。話者は、いずれも本部町備瀬在住の方々です。

第一話は、海に詳しい長老の一人、天久栄さんを囲んでなされた、サンゴ礁で営まれる多様な漁の特徴が示された座談。特に「地形—潮—魚—漁」という関係の上に成立している漁撈において、漁民たちの知識がどのように実践されるかが生き生きと語られています。

第二話は、一七種類にも及ぶ備瀬の多様な網漁のなかから、旧暦五月と六月の一日前後に外海から群れをなしてサンゴ礁に押し寄せてくるシク（アイゴの稚魚）を捕獲する漁「シクシキ」を取り上げました。アイゴとホンダワラの絆、シクシキの様子や、その頃の天候が語られる座談からは、出世魚としてのアイゴに寄せる村人《むらびと》の特別な想いが伝わってきます。

第三話は、地場の魚をおいしくいただくという食文化の真髄が楽しく語られる座談。「魚はやり方よぉ（肝心なのは処理の仕方だ）」、「魚はあらゆる部分を食べつくすのが魚の供養になる」という何気なく発せられた漁民たちの言葉が心に響きます。

## 第一話　サンゴ礁の地形・魚・漁

話者　天久栄さん、喜屋武義和さん、満名昭次さん

（二〇〇八年一二月二六日、比嘉商店で）

### イユーマキとガタンアッキ

**喜屋武**　天久栄さんは本部町谷茶《たんちゃ》にあった琉球造船に長く勤めていましたから、本部のウミンチューをみんな知っています。

**天久**　船のドックの仕事でしたから、伊江島や名護などにも知り合いがいます。造船所の前は半農半漁です。終戦直後は短期間、軍作業もした。その後、造船所に入った。造船所には約三〇年いました。ドックは糸満にもあったが、本部のように五〇トン、一〇〇トンクラスの大きな船のドックは糸満にはなかった。だから、与那国など先島方面からも本部に来ました。

写真1　備瀬の集落とサンゴ礁の海（後方は伊江島）

備瀬のサンゴ礁の名前（地名）や漁のことは、ヤマトグチ（大和口、標準語）では表せない。ウチナーグチ（沖縄口、方言）でしか言えませんよ。(注1)今帰仁《なきじん》村の与那嶺《よなみね》にウイビシというところがあるが、若い頃は、シルイカ（和名アオリイカ）の時期、冬場になると、そこにパンタカサー（追込み網漁の一種）に行ったものです。リーフ（ピシ、干瀬）の内側から、サバニに帆を張ってイノーの中をエーク（櫂《かい》）で漕いで出かけました。

――天久さんは今も漁をなさいますか。

**天久**　現役よ、昨日も行ってきましたが空振り（笑）。シジャーグヮー（他所では一般にシチューと呼ばれる魚。和名ミナミイスズミ）という魚がいる。あれは海藻を食うために、満ち潮になるとリーフに上がる。これが海藻を食べに上ってくるのを見計らって網で巻いていく。

**喜屋武**　この漁法は、備瀬のほか伊江島や国頭村安田《あだ》などにもある。干潮時に干上がったリーフは、満潮に向けて潮が上がってきますね。シジャーグヮーやマットゥー（和名イスズミ）などはリーフに生えている海藻を食べにやってくる。これらのイスズミ科の魚は警戒心の強い魚です。しかし、いったん海藻を食べ始めると夢中になって海面に尻尾（尾びれ）を出す。それを人間が網で巻いていくのだけど、まったく気づか

写真２　備瀬の舟揚場

ない、逃げようとしない。「ミミクンジャー・マットゥー」といういわれはそのためです。人間が網を持って走って行っても気づきませんよ。

**満名**　網は魚が上った後ろから巻いていきます。

**天久**　シジャーグヮーは満ち潮の時、群れをなして外側からリーフの上に上がってくる。だからリーフの上、リーフの真ん中（中央部）で巻き込む。

**満名**　この漁は夏場（九月）を中心に年中できますが、曇天のほうがよい。天気がよいと魚はなかなか上がってきません。

**天久**　魚は潮が満ちてくるときに、白波の立っているところ（礁縁）から次第にリーフの上に上がってくる。イノーグチ（イノー寄り）まで上がってくる（図１参照）。リーフの上でも海側のほうは白波があるが、イノーグチは波がないから確実に獲れる。そのとき、「イノーグチカートゥンドー」（魚がイノーグチの海藻を食べているよ）という言い方をする。こうなると、「マッタクー」（全く、確実）と言って、われわれは魚を確実に獲れる、とみるわけです。この網漁は、ピシマーイ（干瀬回り）とかイユーマキ（魚巻き）といいます。

**満名**　だからこの漁は追込み漁ではない。追込み漁は、片一方に網を置いて、その網に魚を追い込むものですが、この漁は網で魚を巻き込むのです。最終的には網を狭めていく。起伏やサンゴがあると網が引っかかるから、この網漁はピシのなかでも板みたいに真っ平らなイタビシ[注2]でしかできません。

**天久**　チヌマン（和名テングハギ）も、満ち潮時にリーフに群れを作って上がってくる。これが大当たりすれば、何百斤《きん》も獲れるよ（一斤は六〇〇グラム）。

**喜屋武**　この網漁では、マットゥー、シジャーグヮー、タマン（和名ハマフエフキ）、イラブチ（ブダイ科）、チヌマンが獲れる。

**満名**　フパイェーグヮー（単にイェーグヮーとも言われる、アミアイゴの成魚）も獲れる。

**天久**　それから、チヌマンみたいな大きな魚で、マービ（和名トサカハギ）という魚も上がる。それは刺身にしておいしい。

――タマンもこんな浅いところに上がってきますか。

**天久**　タマンも群れをなして上がる。頭を下に向けて海藻を食べている魚は、水面に出ている尻尾の形で、どの魚であるかが分かる（図1参照）。これはシジャーグヮー、これはタマンというように。それから、グングヮチ（旧暦五月）頃になると、ハターシ（他所ではカタカシと呼ばれる魚、和名モンツキアカヒメジ）の産卵時期になる。白波が洗うリーフの海側をガタンというが、満ち潮になると、ガタンにハターシが群れをなしてやってくる。それを獲るために一枚の四尺網（注3）を持ってガタンを歩くことを「ガタンアッキ」（ガタン歩き）といいます。地下足袋《じかたび》のない昔はわらじを履いて歩いた。空中写真で白波が立っているところは歩け

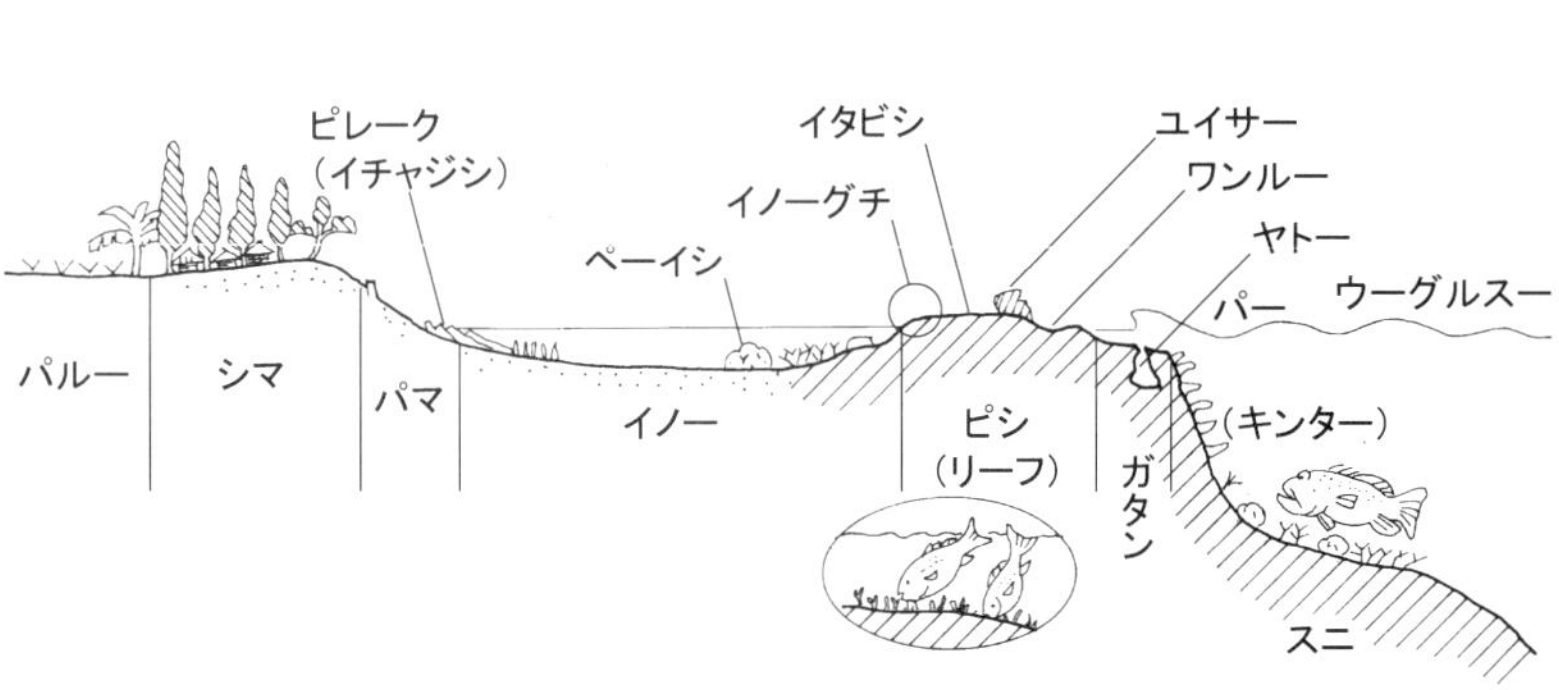

図1　備瀬サンゴ礁の民俗分類（方言名）

る。ハタ－シという魚は満ち潮になると、白波のところ（ガタン）に上がる性質がある。だから、夜、そこに網を張って置いてもハタ－シは掛る。ハタ－シは、潮の満ち引きにあわせて、イノ－の中を出たり入ったりする魚です。

## キンタ－、ヤト－、ワンル－、ユイサ－、ペ－イシ

――備瀬にキンタ－はありますか。

**天久**　キンタ－というのは、リ－フの外側がポッと切れたところ。絶壁になっているところです。真栄田《まえだ》岬（恩納村）などはリ－フの幅が狭く、イタビシがあって直ぐにポッと落ち込んでいる。そういうところをキンタ－という。真栄田岬でタコ獲りをしたことがあるが、あそこのキンタ－は深海に落ちていて底が見えませんよ。備瀬にはキンタ－はあまりない。ただ、灯台のところには、そんなに深い大きな落ち込みではないけれどもキンタ－があります。

――ピシの上に穴が開いているところ、ヤト－は備瀬にもありますか。

**満名**　備瀬はヤト－だらけですよ。

**天久**　網を入れる大きなヤト－もある。小さな穴には網を入れない。

**喜屋武**　丸くても長くても、割れ目はみんなヤト－という。

**天久**　備瀬崎は、イセエビ（方言でイビ）が有名ですよ。ベタ凪《なぎ》で波のない夜、潜り（潜水漁）をする人はエビを獲るためにヤト－に入っていく。怖くはないかって？　商売（生業《なりわい》）だから怖くはないさぁ（笑）。

――ピシの上の、干潮時に浅い広い水溜まりになるところ、ウニ（岩に穴を掘って棲むクロナガウニ）などがいるところを備瀬では何といいますか。

**満名**　ワンルーといいます。大潮の干潮時にピシの上にできる浅い水溜まり。外海と遮断される。

**天久**　外海はパーという。

**喜屋武**　沖はウーグルスー（大黒潮）です。通常、リーフの外側の海をパーというが、特に深いところをウーグルスーといいます。

**満名**　ピシの上に転がっている石は、寄って来た石だから、ユイサー（寄石）という。

**天久**　その石は打ち上げられた石です。備瀬崎にある石はみんな下から上がってきた石ですよ。イタビシの上に載っている石は大きな台風の時には動きますよ。

**喜屋武**　イノーの中の丸いサンゴ（球～半球形のハマサンゴ）はペーイシ（灰石）といいます。その下にフブシミ（和名コブシメ）がよく止まります。

**天久**　昔はペーイシで（漆喰《しっくい》用の）石灰を作りました。石灰業者が備瀬にも買い付けに来ました。

**満名**　ペーイシを積み上げて造った石垣も集落内（海岸側）に残っています。

写真３　備瀬の海岸からイノーをみる

か。

**ミーバイズニ**

――パマ（浜）、イノー、イノーグチ、ピシ、ガタンと続くわけですが、ガタンの下（海側）は何といいます

**満名**　緩やかに落ちていくところはスニ（曽根）です。

――私の父は泊原《とうまいばる》のウミンチューでしたが、備瀬崎のスニ（礁斜面下部）を「ビシミーバイズニ」と呼んでいました。

**天久**　ミーバイズニというのは、垣内《かきぬち》あたりのウミンチューが、シングヮチ（旧暦四月）になると漁をするところ。備瀬崎付近ですが、だいたい水深七、八メートル以上のところで平坦になっている。底はシナ（砂）ではなくヤナ（岩）です。

**喜屋武**　ここは、潜ってみてわかるが、斜めに緩やかに落ちている。

**天久**　産卵時期になるとミーバイ（ハタ科の魚）が上がってくるからミーバイズニという。

**喜屋武**　ハンゴーミーバイ（和名アカハタ）もよく釣れますよ。

――備瀬のほうでもそのスニをビシミーバイズニというのですか。

**天久**　ミーバイズニと呼んでいたが、備瀬の人は釣りができない。産卵期

写真４　備瀬のピシ

になると、タコ獲りなどでその辺を泳いでいると、ミーバイがそのスニに上がってくるのが、昔のミーカガン（水中眼鏡）でもよく見えましたよ。晩になると上がってくる。また、アカジン（和名スジアラ）などもイーグチに行けば、なんぼでもいました（図２参照）。

――アカジンはどちらかといえばやや深いところにいますよね。

**天久**　そんなに深くないところ、二、三メートルから四、五メートルのところにもいましたよ。

**満名**　昔は、ワナグチ付近のイノーにもいましたよ。

**天久**　アカジンは高級な魚ですよ。アカジンの仲間にはクルバニー（和名コクハンアラ）、アカバニー（オジロバラハタ）とか、いろんな種類がある。

――備瀬でもアカジンですか、アハジンとは言

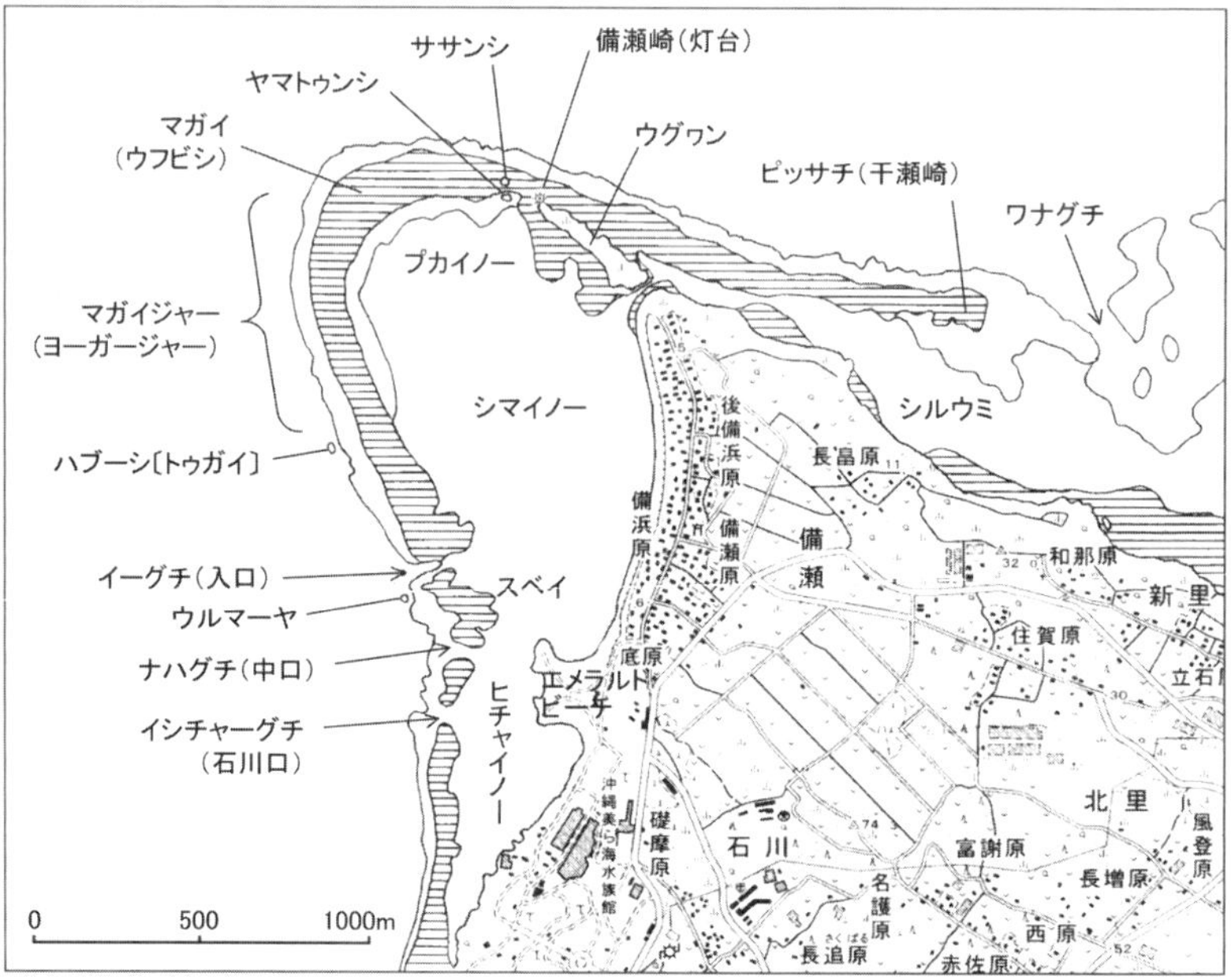

図２　備瀬のサンゴ礁地名

いませんか。

**満名**　備瀬ではアハジンまたはアハージンという（笑）。

**喜屋武**　この魚は滅多に上がらないから、獲る人でないと名前は分からない。

**天久**　伊江島なんかでアギヤー（追込み網漁）もしていた浦崎さんの渾名《あだな》はアカジンサンドゥーだった（笑）。

## クチ地名

――イーグチの周辺にも小さな切れ目（水道）がありますが、名前は付いていませんか。

**天久**　海洋博記念公園の水族館の下にイシチャーグチ（石川口）、イーグチの南にはナハグチ（中口）がある。イーグチは干潮時にも舟が通れるが、それ以外のクチは干潮時には通れない。イーグチも昔は何とか入れるぐらいの大きさだった（図２参照）。

**喜屋武**　現在のイーグチは大きいが、上本部《かみもとぶ》村時代の昭和三九年頃に一度割り（浚渫し）、上本部村と本部町が合併した後にも割ったからです。

――ナハグチとイーグチの間のピシに名前は付いていませんか。

**天久**　そこには名前が付いてないでしょうね。(注4)　このリーフの外側には急に波が来て折れるウルマーヤというところがある。周囲は深みで、ウルマーヤだけは干潮時には出ます。ここで伊江島のイラブータンメーという人が立って小便をしようとして舟から落ちたんです（笑）。イーグチの北側にはハブーシトゥガイ（単にハブーシとも呼ばれる）がある。ここもサングヮチジュー（旧暦三月の大潮）になれば完全に顔を出します。夏の潮でも出ます。ここには追込み漁の網を設置する場所がある。ハブーシトゥガイは、ここ備瀬から見ると、ちょうど伊江島のタッチュー（城山《ぐすく》）と同じ位置に重なります。これも波が折れるから危ないところです。ここでは、山川のMさん親子が舟から落ちています。自分の七三歳のお祝いに使うイカを釣りに行って、立って小便をして舟から落ちた（笑）。

## 好漁場となるハターマ

――備瀬にカタマと呼ばれる地形がありますか。

**天久**　備瀬ではハターマと言います。パーにあって広っぱみたいになっているところです。山川方面のウミンチューは、「ハターマウチ」と言って、ハターマで、クチナジ（和名イソフエフキ）などの夜釣りをした。

――底は石が敷き詰められていますか。

**天久**　そうです。シングヮチ（旧暦四月）のパチカジュー（二〇日潮）になると、クチナジがハナブク（鼻先）でイシグヮー（小石）をひっくり返す。あそこは底が白くなっていますね。ああいうところをハターマという。

**喜屋武**　フエフキダイの仲間は、小さい石を鼻でひっくり返し、そこにいるエサ（カニなどの甲殻類）を食べるんです。石をひっくり返すものだから海底が白いんです。

**天久**　ハターマはあちこちにあるけれど、名前が付いているのは、新里のワナグチ付近にあるマルガタマーとオオグムイガタマー（注5）。大きな屋敷ぐらいのハターマです。オオグムイガタマーは深い。チナカキエー（注6）でイラブチャー（ブダイ科の魚）を獲るときには、そういうハターマに網を入れました。

――奄美大島の大和村で、夏場になるとハターマの石の上にタコが坐っていると聞きました。

**天久**　たまにはタコもおるさぁ。

**喜屋武**　タコが立ったり坐ったり（笑）。石ころが多いということは、エサが多いということでしょう。

**天久**　タコは、いる場所によって角《つの》をはやしていたり、また夜になると八本の手をきれいに並べて広げていたり、二本一つにして四本脚になって立っているのもいる。シガイという夜に獲れるタコがいる。シガイは夜行性だから昼間は穴の中にいる。そのシガイにも二種類ある。マーシガイと普通のシガイの二種類。マーシガイは白みがかっていて手が太く短い。普通のシガイは手が長い。シガイには（普通の）タコが敵いませんよ。シガイが八本の手の中にタコを抱いているのを見ます。

――タコがタコを食べるのですか。

**天久**　はい。

**満名**　シガイは毒を持っているかも知れない。時期によりますが、これに噛まれると痛くなりますよ。

**天久**　うちなんかはシガイを獲るのに銛《もり》を使わない、素手で獲る。手でつかんで目と目の間の急所、軟骨のあるところを噛んでやればシガイはパッタイ、死んでしまう。逆にシガイに噛まれたら、スー（潮）のたびごとに痛みを感じる。たとえば大潮が来ると痒《かゆ》みが出たり、痛みが出たりしますよ。

# 第二話　シクシキ（アイゴ稚魚の網漁）のこと

話者　喜屋武義和さん、満名昭次さん、玉城真光さん、比嘉キヨさん
（二〇〇九年一月一一日、比嘉商店で）

## ホンダワラは食べられる?!

――備瀬のサンゴ礁にはウニがいますか。ホンダワラは生えていますか。

**玉城**　いまウニはおるかなぁ？

**喜屋武**　ホンダワラは最近少なくなっているね。

**玉城**　ホンダワラの方言名？　私は分からん。

**喜屋武**　モー（藻）ではあるが、ホンダワラ固有の呼び名があったはずよ。オッカーター（お母さんたち）が知っているはずです。

**キヨ**　フパモーです。

**喜屋武**　そうそう、フパモーです。フパモーは「固い藻」の意味です。

**キヨ**　昔はあれを肥料に使ったし、また若芽はおからなどと炒めてよく食べよったよぉ。

**玉城**　プチプチしているあの藻は食べられました？

**キヨ**　あい、食べるんだよぉ、あれは。

### ホンダワラとアイゴの絆

**喜屋武**　イージマ（伊江島）には、「ホンダワラが生えるとシク（アイゴの稚魚）が来る」と言うウミンチューがいる。

**玉城**　あはぁ？

**キヨ**　そうよぉ。フパモーが流れていくから……。

**喜屋武**　それはどういうことかというと、ホンダワラが流れて行くでしょう、それに魚が一緒について行くんじゃあないか、とぼくは理解しているんです。その藻のにおいで魚がついて来るんじゃあないか、と。

**キヨ**　昔は、シクはターモー（高い藻）にいた。フパモーは長く生えよったよぉ。

**玉城**　コンブみたいに。コンブとかワカメとかが切れて流れている下には魚がおるという。

**喜屋武**　流れている海藻の下は全部魚です。沖でもそれを掬《すく》うと必ず小魚がいます。

### 久しく寄っていないシク

――備瀬にスクは寄りますか。

**喜屋武**　スクは備瀬ではシクまたはシクーという。もう何年なるかな、寄らなくなって四年になるかな。少しぐらいなら毎年寄りますが。

**玉城**　毎年、お椀一杯ぐらいは食べているけどさぁ。

**キヨ**　最近では一合ぐらいです。

――なぜ寄らなくなったのでしょうか。

**玉城**　ぼくが大阪から帰ってきてから一回も獲っていない。(注7)

**喜屋武**　それなら（玉城）真光さんが悪いよ(注8)（笑）。シクが寄らなくなった理由は、環境が変わったせいなのか、温暖化の影響などいろんな言い方がされるが、分からない。

――シクはどこからイノーの中に入って来るんですか。イーグチ（地図2参照）辺りからですか。

**喜屋武**　いや、これだけは魚に聞かないと分からない（笑）。昔はその日になると舟を出してシクの群れを探したが、今は仕事を持っている人が多く、また最近はそんなに毎回大漁することもなくなったから、この辺（陸上）で見ている。何年前だったか、それまでこんな大群を見たことはないけど、灯台のところから上がってきたシクの群れはすごかった。

## シクシキ

**満名**　シクを獲る漁は備瀬ではシクシキという。「シクシキーガイカ」（シクシキに行こう）という言い方をします。

**玉城**　シクマーイじゃあないの？

**喜屋武**　シクがいるかどうか見て回ること、舟を出して巡回することをシクマーイという。

**玉城**　シクシキのシキの意味は「獲る」ことです。

**喜屋武**　「シクーシチャンナ？」（シク獲りをしてきたのか？）という言い方をしますからね。

**満名**　「シクシチナ？」（シク獲りをしたのか？）とも言う。

**玉城**　シキは「獲る」という意味になっているが、もともとは網を「敷く」ことから来ているとぼくは思う。

**喜屋武**　「（網を）敷く」、たぶんそういうことに由来するのでしょうな。銛で突くわけでもなければ、釣るわけでもない。網でしかシクは獲りませんから。昔の獲り方はザルを敷いて獲っている。

――今、シクは追込みで獲るのですか。

**喜屋武**　そう。袋網（方言でプクーアミ）を設置してその中にシクを追い込む場合も、人間が網を巻いて獲ることもある。袋網を置いて、ティバーシ（袖網）で遮断して、敷き網を敷く場合もある。いろんな方法がある。

――シクはイノーの中で獲るわけですね。

**喜屋武**　ほとんどイノーの中です。

**満名**　深いところ（外海）では獲れない。

――イノーのどういうところで獲るのですか。真ん中ですか、ピシ寄りですか。

**満名**　場所はあまり関係ない。早いもの勝ちだから、見つけた場所でいち早く捕獲する。

**喜屋武**　早く網を入れて獲ったほうが勝ち、シクの群れを見つけた人が第一。漁の時期は、旧暦の五、六、七月の一日前後です。「グングヮチジク」（旧暦五月のシクの意）の旧暦五月一日前後と、「ルクグヮチジク」の旧暦六月一日前後の二つがメインです。「ヒチグヮチジク」もある。シクは一か月前に産卵をして、帰って来ると言われている。外洋でプランクトンを食べて成長し、サンゴ礁に海藻を食いにやって来る。

――シクシキは何名がかりでやりますか。

**満名**　人数は関係ない。二人でやるのも、一人でやる人もいる。

**喜屋武**　今、備瀬でシクを獲るシンカ（グループ）は、源助屋《げんすけ》のシンカ、天久栄さんのところ、われわれミージマグヮー（新島小）のシンカの、三グループです。

## 出世魚としてのシク

**玉城**　アイゴは出世魚です。最初がシク、次がクサパン、その次がイエーグヮー。

――イエーグヮーの次がイエーになるのですか。

**玉城**　いいえ。大きくなってもイエーグヮー（笑）。

**喜屋武**　クヮー、グヮーは普通、「子供」「小さい」という意味だが、アイゴは成魚もイエーグヮーだ（笑）。

**満名**　アイゴは数種類ある。イエーグヮーというのはアミアイゴの成魚だが、他にシライエー（和名シモフリアイゴ）、カーイエー（和名ゴマアイゴ）、オーイエー（和名ハナアイゴ）と呼ばれる種類もいる。

――クサパンは何センチくらいですか。

**玉城**　二、三センチかな。

**喜屋武**　クサ（海藻）を食えばクサパン。

――そうなると商品価値が落ちるわけですね。

**満名**　シクとしての価値はなくなるが、内臓を取り除けばおいしく食べられる。
**喜屋武**　海藻を食っているクサパンは、お腹を出さんと食べられない。色も変ってしまっている。
――最盛期というか、よく獲れた年は、どのくらい獲れましたか。
**喜屋武**　もう数十年前になるが、備瀬で三、四トンも上がったことがある。(注9)
――シクシキには女性の方も参加されますか。
**喜屋武**　女性は行かない。
**玉城**　シクが寄る時は必ず靄《もや》がある。シクシキバーバーという言葉もあるくらいだから、海がすごく時化《しけ》るわけです。
――南西の風、梅雨どきですね。
**玉城**　そう。その頃は風が強く吹き海が荒れるから、シクシキは女の人ではとてもできない。
**喜屋武**　しかも大潮だから潮の流れも速い。
――シクの一番おいしい食べ方は？
**玉城**　シークヮーサー（和名シークヮーシャー、またはヒラミレモン）で食べるとおいしいよ。
**喜屋武**　酢に漬けないと、シークヮーサーだけでは痛いよ。
**満名**　酢で背びれの棘の毒を殺す必要がある。
**喜屋武**　三〜五分程度。酢に長く漬けると煮える。稚魚だから長く漬けるとおいしくない。ぼくは三分前後が一番いい。

## 第三話　おいしい魚とその食べ方

話者　喜屋武義和さん、喜屋武絹代さん、天久善秀さん、満名昭次さん、天久正秀さん
（二〇〇九年一二月一一日、喜屋武さんのお宅で）

### 地域で異なる魚食文化、備瀬では魚汁に内臓を入れる

――今日は備瀬のおいしい魚の話を聞かせていただけませんか。アハジン（他所ではアカジンが一般的。和名スジアラ）は別格かも知れませんが、備瀬で獲れるおいしい魚のベスト一〇を……。

**喜屋武**　最近聞いた話ですが、ウミンチューでありながらアハジンを食べたことがないという人がいました。なるほど、と思った。アハジンは一番高い魚ですから、金に換えるわけですよ。その話を聞いてぼくは感動した（笑）。自分で釣ったアハジンを食べたことがないわけですよ。アハジンは「食べる魚」ではなく「売る魚」なんです。

**正秀**　備瀬で一番おいしい魚はシジャーグヮー（和名ミナミイスズミ）だ。あれに敵う魚はないよ。

**満名**　これから獲れる冬のシジャーグヮーは脂がのっていておいしい。イユーマキで獲れる魚です（第一話参照）。

**正秀**　冬場のシジャーグヮーは、皆が欲しがる魚です。

――するとヒーサ（寒い思いを）してでも獲りに行くわけですね。

**満名**　うん、今ずっと行っているが、天気が悪いのか良すぎるのか、空振り続き（笑）。

**善秀**　あの魚は備瀬ではおいしい魚と考えられているが、他所では好かれていない。

**正秀**　あの魚は備瀬では値段が安定している。

**喜屋武**　マットゥー（和名イスズミ）はにおいがあるから、以前はあまり高くなかった。

**善秀**　われわれにとっては、シジャーグヮーこそ一番おいしい魚だ。

**喜屋武**　私はマトゥーが一番。

――おいしい食べ方はやはり刺身ですか。

**善秀**　刺身？　いいえ、お汁《つゆ》ですよ。

**喜屋武**　ただし、胃袋と腸も入れる。備瀬では内臓も使い、胃や腸を開けるから、魚が何を食べているかが分かる。イスズミ科の魚の胃や腸にはホンダワラなどの海藻類がいっぱい入っています。海藻を食べている魚は内臓も一緒に食べたほうがいい。そうすれば味が出る。那覇でイージマ（伊江島）の人が食堂に行ってイェーグヮー（和名アミアイゴの成魚）のお汁を食べたそうです。その人は「どうして胃袋が入ってないんだ」と店の人に文句をつけたそうです。備瀬ではシジャーグヮーやマットゥーのお汁には内臓を入れても、イェーグヮーのお汁には入れない。その話を聞いて、地域によって魚の食べ方はずいぶんと違うんだと思ったもんです。

## 備瀬ではシジャーグヮーとマットゥーが一番

**満名**　シジャーグヮーは備瀬では一番高く売れる魚でもある。

**正秀**　備瀬にはこの魚が嫌いな人は一人もいない。最も売りやすい魚です。

**絹代**　大阪におばあちゃんがいましたが、シジャーグヮーが獲れると冷凍して大阪に送っていました。

**喜屋武**　その魚にはにおいがあるから、お汁にはヨモギを入れます。

**善秀**　われわれは豆腐やネギは入れても、ヨモギは入れない、入れたことがない。

**満名**　ヨモギを入れたほうがおいしい。

**正秀**　カベラー（和名テンジクイサキ）は煮ると皮がゴムのように硬くなる。

**満名**　あの魚はマットゥーよりも皮が硬い。

**絹代**　マットゥーの皮は柔らかいの？

**正秀**　いいえ、でもマットゥーの皮は食べられるが、カベラーの皮はまるでゴムだ。

**満名**　だけど歯の強い人にはおいしい。

**善秀**　歯の強い人は、「いくらでも食べられる、あれこそがおいしい」と言います。

**喜屋武**　備瀬では豊年祭に使う旗にはタマン（和名ハマフエフキ）とマットゥーが描かれていた。シヌグ（豊漁・豊作を祈願する祭祀）や法事の時にも魚を供えるが、それはマットゥーかタマンだった。やはり、ビシンチュー（備瀬の人）の九〇パーセントは、一番おいしい魚はシジャーグヮーだろうと思っている。獲ってきた人が胸を張って、この魚は「親戚にしか売りません」だからさぁ。その魚に勝る魚はない。

**満名**　また、大漁しても絶対に値段を下げることをしない、その魚だけは。

## 肝心なのは処理の仕方だ

**喜屋武**　備瀬でシジャーグヮーという魚は他所ではシチューと呼ばれている。県の職員が別のウミンチューから「これシジャーグヮーだからおいしいよ。持って行きなさい」と言われ貰ったそうです。その人が言うには「あんな悪い魚、シチュー。においを嗅いだら、これは食えない」と。見たらマットゥーだった。ぼくが「貴重な魚ですよ」と言うと、その人はびっくりしていましたがね。

**満名**　マットゥーは獲ったら一刻も早くはらわたを取らないといけない。そうしないと、内臓が発酵し、においが肉に染み付いてしまう。

**善秀**　魚は、やり方よぉ（肝心なのは処理の仕方だ）。クサ（海藻）を食べている魚は早くお腹を開けて内臓を取り除けば、身が臭くなることはない。いくらでも売れるよ。クサを食べている魚は、イェーグヮーでも何でもお腹から腐っていく。

**満名**　獲ってきて冷蔵庫に入れておいて翌日ワンジャミて（さばいて）ごらん、臭くてだめだ。

――シジャーグヮーは刺身にはしないのですか。

**満名**　この前（比嘉商店で）食べたのがシジャーグヮーの刺身だ。刺身を取ったあとのあらと頭はお汁にする、ナカミ（腸と胃袋）も入れて。

**喜屋武**　この魚は、刺身よし、煮付けよし、フライよし。煮付けはほとんどがマースニー（塩煮）です。

**満名**　比嘉商店のキヨ姉さんは、刺身で残った骨をフライにするが、びっくりするほどおいしいです。シジャーグヮーの値段は一キロ千円ぐらいです。

**善秀**　今頃（一二月）の魚の大きさは、だいたい一匹一キロ前後です。一キロに満たないものは、種類の違う他の小さな魚を付け足して一キロぐらいにして売る。

**喜屋武**　マットゥーは大きく、一匹二キロ以上、三キロ近くにもなる。

## イスズミ科の魚をどの家庭も待ち望んでいる

――獲ってきた魚は村（集落）の中で売るんですか。

**善秀**　魚が上がると直ぐに村中に話が伝わり、漁家のところにみんな買いに来る。

**満名**　大漁の時は、マイク放送もしますよ。

**善秀**　放送もするが、たいてい口コミで直ぐ買いに来る。

**喜屋武**　どの家庭でもマットゥーは食べるわけですから、皆、（漁師は）いつ漁に出るかなぁと待っている。

**正秀**　自分もマットゥーは欲しいが、買う人が多いものだから、買う人を優先して売る。

**喜屋武**　備瀬ではマットゥーは一番人気の魚です。

**満名**　シジャーグヮーもマットゥーも似たようなものだ。両方とも一番人気。

――マットゥーもシジャーグヮーも食べ方は同じですか。

**善秀**　同じ。お汁の場合は、カベラーも同じ。しかし、刺身にするとカベラーは硬い、カチカチしている。

**正秀**　シジャーグヮー、マットゥー、カベラーの三種類（いずれもイスズミ科）は、ぼくは刺身を食べても違いが全然分からない。

**善秀**　味は変らないよ、お汁にしても。身を噛んではじめて区別ができる。また、シジャーグヮーはお汁にすると少し脂が浮くから分かるだけで、汁の味では誰も区別できない。

**正秀**　自分はハラゴー（お腹のまわりの部分）が大好き。脂がのっているから、そこだけ食べている。マグロのトロみたいにおいしい。それから頬《ほお》と頭……。

**満名**　お汁は、腸と胃袋が入ってないとおもしろくない。

――それを知らない人々は魚のいい部分を全部捨てていることになりますね。

**正秀**　マットゥーという魚は腸が最も大きな魚であるわけ。マービ（和名トサカハギ）と同じく腸が太いから料理がしやすい。一方、シジャーグヮーの腸は小さく脂ものっているから、ちぎれやすい。

**喜屋武**　本部のスーパーでも最近イスズミが売られるようになった。表示を見たら鹿児島産、しかしナカミ（内臓）が付いてない。「ナカミはどうしたんですか、ナカミも欲しいんだが」と訊ねたら、店員はびっくりしていました（笑）。

## アバーシも捨てられない

――これまでのお話からしますと、備瀬で一番おいしい魚は、シジャーグヮーとマットゥーがナンバーワンですね。第三位がカベラーですか。

正秀　一番はアハジン。
善秀　いいや、私はアハジンをおいしいとは思わない。
喜屋武　アハジンは備瀬ではあまり獲れない。
善秀　おいしい魚介類を一〇挙げることはできるが、順位を付けるのは難しい。私はアバーシ（ハリセンボン科の魚）もおいしい。
満名　アバーシも捨てられない。
喜屋武　私はアバーシよりイェーグヮー（和名アミアイゴの成魚）のほうがいい。
正秀　珍味と言えば、アッパ（オニオコゼ科の魚）だ。
善秀　アッパはおいしいよぉ。刺身にしてもいける。
満名　アッパは味がない、淡白だ。
善秀　アバーシこそがおいしい。
満名　獲りたての魚は何でもおいしい。
喜屋武　この班（備瀬七班、集落の北端に位置、通称「ミージマ（新島）」）では、シク（海藻を食べていないアミアイゴの稚魚）からクサパン（海藻を食べたアミアイゴの幼魚）、イェーグヮー（アミアイゴの成魚）まで捕獲して食べている。
満名　クサパンの唐揚げは絶品だ。
善秀　あれは捨てられない。どれもおいしい。

**タネーダは脂持ちで、だし持ち**

――私はスズメダイの唐揚げが一番好きで、あれとご飯があれば何もいらない。

**善秀**　ピチグヮー（和名ナミスズメダイ）ねぇ。

**絹代**　そうそう。

――宮古島の方はあの魚をマースニー（塩煮）にして食べるそうです。

**満名**　あんな小さな魚を？

**善秀**　あれは刺身でもおいしいですよ。

――あんな小さな魚を刺身に？

**正秀**　ええ、包丁でたたいて骨を砕くわけです。

**善秀**　備瀬では子持ちのまま、まるごとたたいて刺身にして食べる。酢味噌和えして食べると最高です。

**満名**　だしがすごいわけ。

**絹代**　お父さん、あなたがたがよく獲ってくるタネーダ（和名ロクセンスズメダイ）はよくマースニー（塩煮）にするさぁ。

**正秀**　あれはピチグヮーよりもひとまわり大きいからね。

**善秀**　タネーダも刺身にしておいしいですよ。あれは脂持ちで、だし持ちよぉ。刺身を取ったあとの小骨を砕いて水切りで漉して、そうめん汁のだしに使う。

**正秀**　グルクン（和名タカサゴなどのフエダイ科）の骨もよいだし汁になる。その骨の漉し汁を冷蔵庫に入れて翌日見るとゼラチン状に固まっている。釣りたてのグルクンも刺身にしておいしく、カツオもマグロも敵わない。クックビ（アカモンガラなどモンガラカワハギ科の魚）もおいしい魚です。あれは子どもにも安心して食べさせられる。ただワンジャミ（さばくこと）がたいへんではあるが。

**満名**　こんなありさまだから、おいしい魚の三番から一〇番まではもう決まらないんじゃあないかなぁ（笑）。

## あらゆる部分を食べつくす、それがウミンチューのやり方だ

**善秀**　フグを沖縄ではヲゥーアバサーというが、それの味噌煮もしますよ。昔から、親父が料理して食べたわけさぁ。

**正秀**　あれは、私は料理の仕方を知らない。

**善秀**　私はあれを食べるから獲りますよ。肝を取り除いて味噌煮にして食べる。

**正秀**　見た目は本土のトラフグとまったく同じです。一日イノーで漁をしていると、必ず一つは見ます。

**満名**　あれは昼間、イノーの中、サンゴの下に寝ている。

**絹代**　お昼寝の時間（笑）。

**善秀**　あれは随分と大きくなります。網を破る。

**喜屋武**　備瀬では昔からシンバイと呼ばれるイシミーバイ（和名カンモンハタ）がある。

**絹代**　あれはお汁にして一番おいしいねぇ。
**満名**　あれ、また「一番」が出たさぁ（笑）。あれはお汁にすると身が崩れる。
**絹代**　たしかに身は崩れるが、味噌汁にして最高でしょう。
**善秀**　あれは私なんかは食べない。獲れても人にあげるだけ。
**正秀**　唐揚げにしてもおいしい。
――魚をさばくのは男性の仕事ですか。
**喜屋武**　ぼくは自分でやる。魚はあらゆる部分を食べつくすのが魚の供養になる。骨以外は全部食べられるように、自分できちんとさばく。それが魚を獲ってきたウミンチューのやり方だと思っている。

（聞き手　渡久地　健）

注１　シルイカは八月から翌年三月まで獲れるが、冬場には大きく成長していて、また正月需要があるため、比較的多く捕獲される。
注２　イタビシ（板干瀬）は、一般にビーチロックを指すが、備瀬ではピシ（リーフ）のなかでも特に平滑な部分を指す。ビーチロックは、ピレークまたはイチャジシと呼ばれる。
注３　四尺網は幅四尺（約一二〇センチ）長さ三五メートルまたは四〇メートル。現在は幅五尺（約一五〇センチ）で長さ三五メートルの網が使用されている。

注4　その後、二〇〇九年一二月一一日の話しで、天久善秀さんからナハグチとイーグチの間のピシはスベイと呼ばれていると教えられた。

注5　現段階、地名の場所が未確定のため、図2には記載してない。

注6　チナカキエーは「綱をかける」の意で、追込み網漁の一種。備瀬ではこの網漁を「サライビチ」という。

注7　その後の話しによると、二〇〇九年の初夏は久しぶりにシクが一トン余も獲れて大漁だったという。

注8　この種の冗談はよく聞く。ある島では、スクが寄らないのは首長の行ないが悪いからだ、辞めてもらう、というジョークもある。

注9　仲田栄松著『備瀬史』（一九九〇、ロマン書房）には「昭和十二、三年ころ、サバニ（刳舟）の割れるほどのシクをとったともいわれる……」（二一九ページ）と記されているが、「数十年前」とはそれ以後である。

# 第２章　名護市グスクヤマ・ヤマは切り方があるんだ

話者　名護市東江《あがりえ》　豊里《とよざと》　友善《ゆうぜん》さん

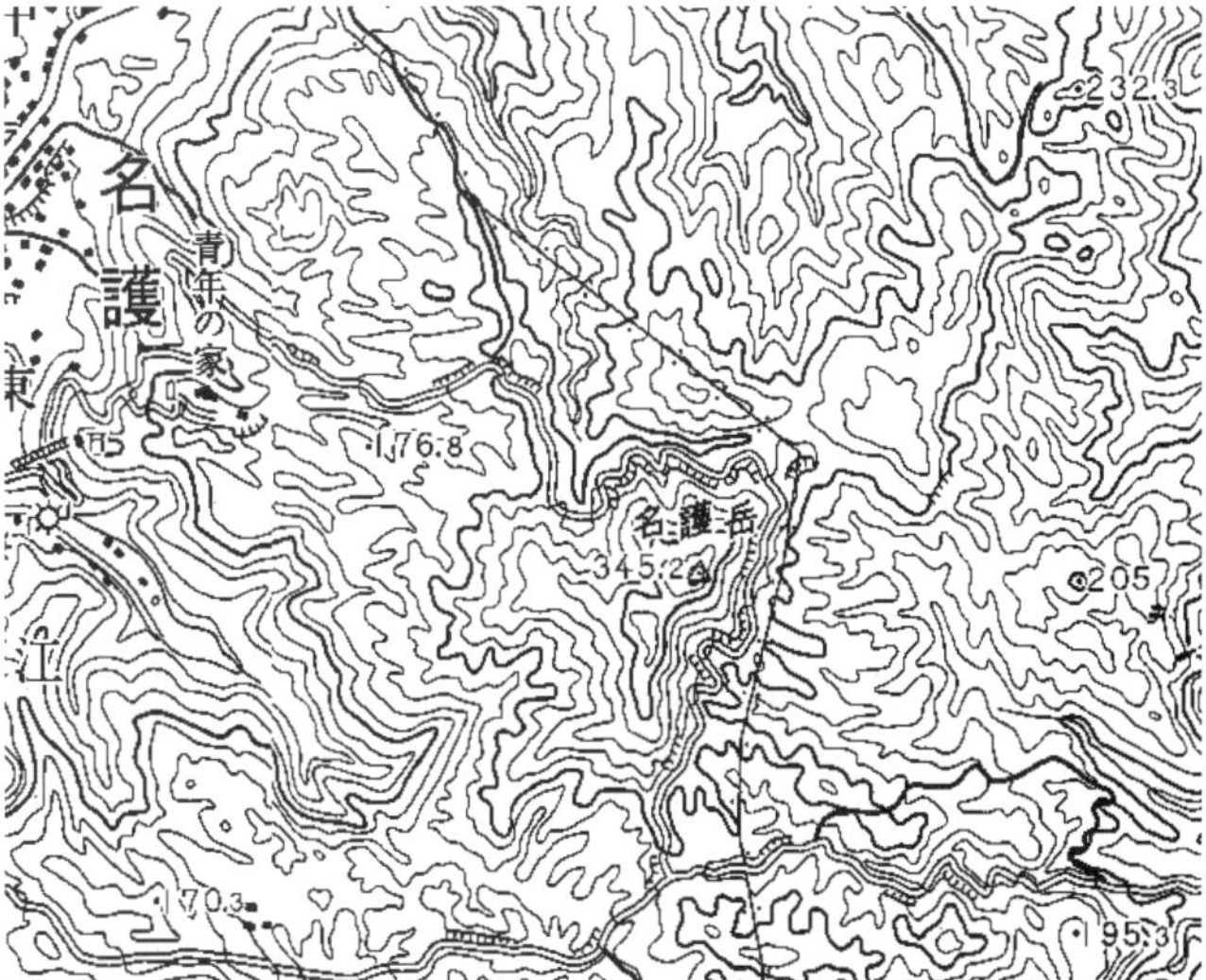

名護市城《ぐすく》で聞き取り調査(注1)をした時、みなさんは名護岳のことは豊里さんに聞くように、と勧められらました。名護市名護岳の奥深い山（グスクヤマ）で育ち、炭焼きをして暮らしていた名護市の豊里友善《とよざとゆうぜん》さん（昭和三生まれ）。二〇〇七年一二月二二日と二九日に豊里さん宅をお伺いして当時の話を聞かせていただきました。芋食が主であった当時の沖縄において、山の中の暮らしではありましたが、三食米飯を食べ、旧制中学校まで進学することができたといいます。これも炭焼きのおかげだという言葉が印象に残りました。豊里さんは地形図や空中写真を読み取り、炭焼き窯の位置や炭焼きするために伐採した範囲を地形図上に記してくださいました。聞き取りをしたときは、健康がすぐれなかったのですが、いつか元気になったら、一緒に現地に行きたいとお願いしていました。しかし、この願いもむなしく、二〇〇九年九月に他界されました。

聞き取りにあたり、名護博物館の比嘉武則さんと山本英康さんには、豊里さんとの連絡調整やビデオ撮影等でお世話になりました。

## 空中写真の禿げ山

――これは一九四五年に米軍が撮影した空中写真なんですが、この辺が名護岳山頂（写真5A）で、斜面がみんな切られているのですよ(写真5B)。今はいっぱい木が生えているんですけれども。これはなぜですか?

これは木炭。ヤマはみんな裸になっていたよ。

――例えば日本軍が陣地をつくるために機械で切ったのではないですか？

そういうのはないです。木炭を焼いたのは、東江原《あがりえばる》とグスクヤマの人ですね。ここはだいたい城が管轄していたんです。みんな名護町（現名護市）のヤマだけど、昔はイリヤマって言っていた。その関係で各部落が管轄して運営していた。

戦後、最近になってからは、炭焼きもできないものだから、みんな役所に返した。

――そうですか。実は空中写真で調べてみるとですね、一九四七年頃に丸裸にされているんですよ。

それも、炭焼きです。材は大きい木しか切っていませんで、小さいのはみんな炭焼きで木炭。ヤマは一遍はもうみんな切ったんですよね。

――それは公有地だけど、昔からこうして部落でイリヤマを切った。

部落は木を売って、行事やっていたわけさ。各村はみな五月とか九月とか、行事があるでしょう？　これを資金にする。

――薪をとるにしても、城の人、東江の人、大兼久《おおがねく》の人がとるヤマと分かれていたのですか。

管理は別々にやっていた。

――グスクヤマというところありましたよね。

この辺一帯はグスクヤマ（写真５C）だね。これは名護岳、アトダケだから。これの後ろがわをタキノフシっていうわけ。ヤマの後ろだから。ナカヤマはこの辺じゃない。

――これらの薪は、例えばグスクヤマのほうから、東江の人がとったらいけないということはなかったのですか？

まあ、大概とらなかったわけ。後で、もめるから。どっちも知り合いが多いから、別に直接文句をいうわけではないのだけれど。それぞれ自分の範囲を守っていたわけ。

――これを取り締まる人はいたのですか？

各字にね、ヤマ係っていうのがあった。喜瀬《きせ》は喜瀬で。特に数久田《すくた》なんかは激しかったですよ。ヤマの割には人口が多いから。だから、枯れ枝一本でもとられたら大損害みたいなものとか。

――ヤマ係の仕事とは、ヤマを歩き回っているのですか？

いや、決まってはいないけれど、何かあったら、すぐに。

――監視しているんですよね、いつもね。

そうそう。

――同じ部落の人でも無茶なとり方をしたら、注意したりする？

青いのを切ったりしたらね。羽地《はねじ》はもっときつかったよ。

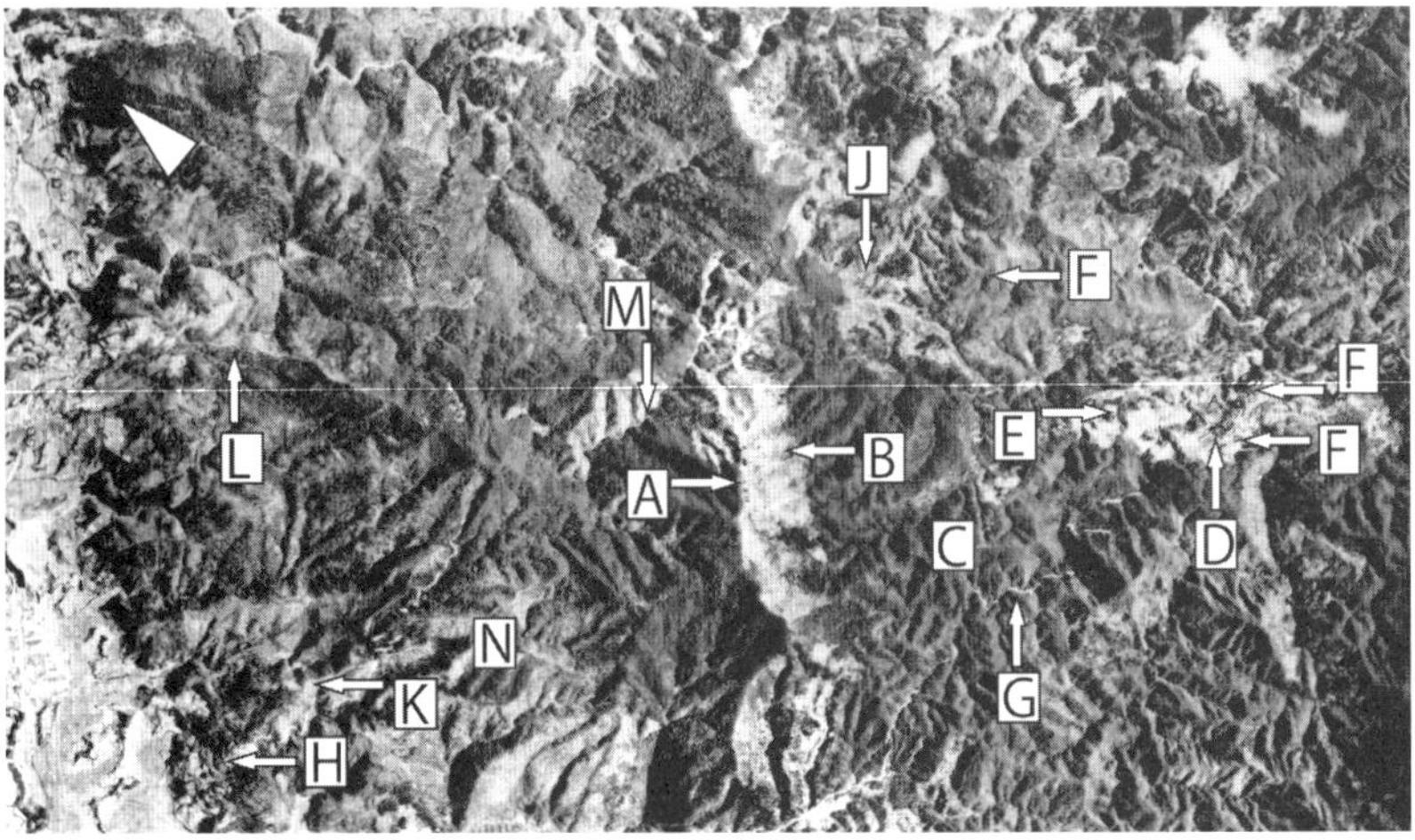

写真5　聞き取りに使用した1945年の名護岳付近（△は方位、記号は本文参照）

## サトウキビからイモ、そして炭焼き

――薪でも、材料によって良い薪と悪い薪があったのでしょうか。

まあ、そうだけど。売るものでないから、いちいちは区別はやらないが。サトウキビを売っていましたよ。山の中だからもう大変ですよ。自分で搾《しぼ》っておったです。結局うちらのところに一軒と、それからアガリムラに一軒、砂糖をつくる小屋があったですよ。

――そうですか。この空中写真には写ってますかね？

これにはないですね。これ写した時分（一九四五年）はもう潰して、畑になっている。サトウキビは昭和一〇年までに終わって、芋畑になってる。

――みんなサツマイモに変わっていったのですか？

はい。その時分から、木炭業が大流行したわけ。木炭はお金になるのが早いから。炭焼きはもう、国策ですね。

――国策だったんですか。いつから始まったのですか？

昭和一二年以降。燃料。だから、その後五、六年してから、バスも木炭で走りよったよ。昔は車も少ないでしょう。だから、おおかたバスに用があるわけ。だからバスは満員になる。北部病院の下にちょっとした坂があるでしょう。登りきらないので、みんな降りて手で押した。南は宜野湾《ぎのわん》の大山の坂ね。あれもみんなで押したね。それから安謝《あじゃ》（那覇市）から向こう、坂になっているでしょ。あそこもみんなで押した。

――木炭バスの頃ですか。登りきらないんだね。

安謝からこっちは舗装がされていないからね。

## 炭焼き窯

——その頃、炭焼き小屋はあったわけですね。

炭焼き小屋は、小さくてこの空中写真からは見えないですね。

——部落からヤマを買ったということでしたが、どこか外の人には売ったのですか？　例えば名護の誰かに木を売ったんですか？

名護以外の人は買わない。あの時分は車がないでしょう。だから向こうから来て木炭なんか買いに来ないわけよ。近くの人じゃないと。うちは、じいさんが買ってやっていたけど。

——ヤマで焼いた炭はどこで売っていたのですか？

城の公民館の近く、あの時分、農連という事務所があってさ、向こうでみんな買い取りよったよ。他に売ったらだめですよ。

——炭焼き窯はどこにあったのですか？

運搬手段が肩に担ぐくらいでしょ。だから遠くにはできないわけさ。だから狭い範囲で。水に近い便利なところ。水がないと、土こねられないから。場合によっては、火がまだ消えずに残っている時もある。消さないといけない。その木炭は馬が運んだはず。

——城まで馬が運んでいたんですか？

だから数久田なんか馬が多かったという話よ。道がないからね、馬車は使わない。馬の背中に乗せて。道もきれいではないから、崖から転げ落ちるときがあるわけ。馬もね。場所によっては落ちて死ぬ馬もいるわけ。うちでは、馬は一頭だけ飼ってました。

――木炭の材料はイタジイなのですか？　どういう木を？

なんでもよい。大きいのを割っている。大きいのを焼いたら下の方で残りますよね、窯は上から蒸されるから。大きい木であればあるほど多く残る。

――じゃあ木を選ぶとかではなくて。生えている木をそのまま伐採というかんじですか？

シイの木が多いですよ、シージャー（イタジイ）ね。

――これは一九六四年の写真です（写真６）。名護岳は木を切られて山道が見えるのですよ。今は木に覆われて見えないんですけれどね。

そう、この辺、僕が炭を焼いたところ。このてっぺんまで。この尾根から下。それで、この辺に窯があったんですよ。

――そうですか。今でも残っていますか？　あれは今道が通っていますよね。

写真６　1964 年の名護岳（大小の白丸は山頂）

今はどうですかねえ。今の道の上の方です。あの、川は水が出るところにあるでしょう。その次の大きな又があるでしょう。前のヤマと後ろのヤマとのあいだ。谷間になっているでしょう。窯を作るなら、自然にここになりますわね。その上の、ここらあたりの木を切って僕が炭を焼いたのですよ。ずっと五〇何年かぐらいですね。

——木を切って、なくなってしまったら、どうするのですか？

ヤマですか？　ヤマはいくらでも生えてくるでしょう。

——でもその間は待たれないでしょう？

いや、各部落で二〇年計画くらいですね、二〇分割くらいにして、ヤマを売ったのです。また戻ってくるように。それで、これが一回分……。

——今、豊里さんが憶えているもので、炭焼き窯の跡はだいたいどの辺にありますか？

数が多いからね。僕がわかるだけでも五〇くらいはある。自分でつくったものは六つか七つある。地図だと、こっちだね、ここに一つね（図3の1～6）。

——複雑な地形図上で昔の窯跡を記すなんて、すごいですね。炭焼きは泊まり込みでやるんですか？

いや。この辺までは昔はよく歩いたから。大丈夫ですよね。名護岳のこっち側にもあるんだわ。

——ここの窯では、木はどこから切ったのですか？

この辺になります。近くです。切ったのは、この谷間ひとつだわ（注2）（図4）。これ小さい谷間になっているでしょう。窯は木が集まりやすい真ん中に作る。樟脳でもみんな谷間に。上に担いで登るよりも低いところに運んだ方が楽だから。

――そうすると、この窯もだいたいこの範囲で切っていたと。

そうそう。ここの窯はね、尾根があるでしょう？　だいたい地主が違うわけよ。尾根から尾根まで。

――この範囲を豊里さんが地主から買って、炭を作ると、買う場合の面積は大きさは、ひと窯分とかですか？

お互い相談ですよ。あんたの山いくらでということで買うわけ。その切る分だけ。

――木を切る場合は、大きいのから小さいのまで全部切るのですか？

全部。［中途半端に切ると］木がまばらになるわけ。同じように一斉に切って。むしろその方が木は生えてきやすい、太陽が当たるから。

――地上から何センチくらいの高さ？　根こそぎやったら、また生えにくくなりますよね？

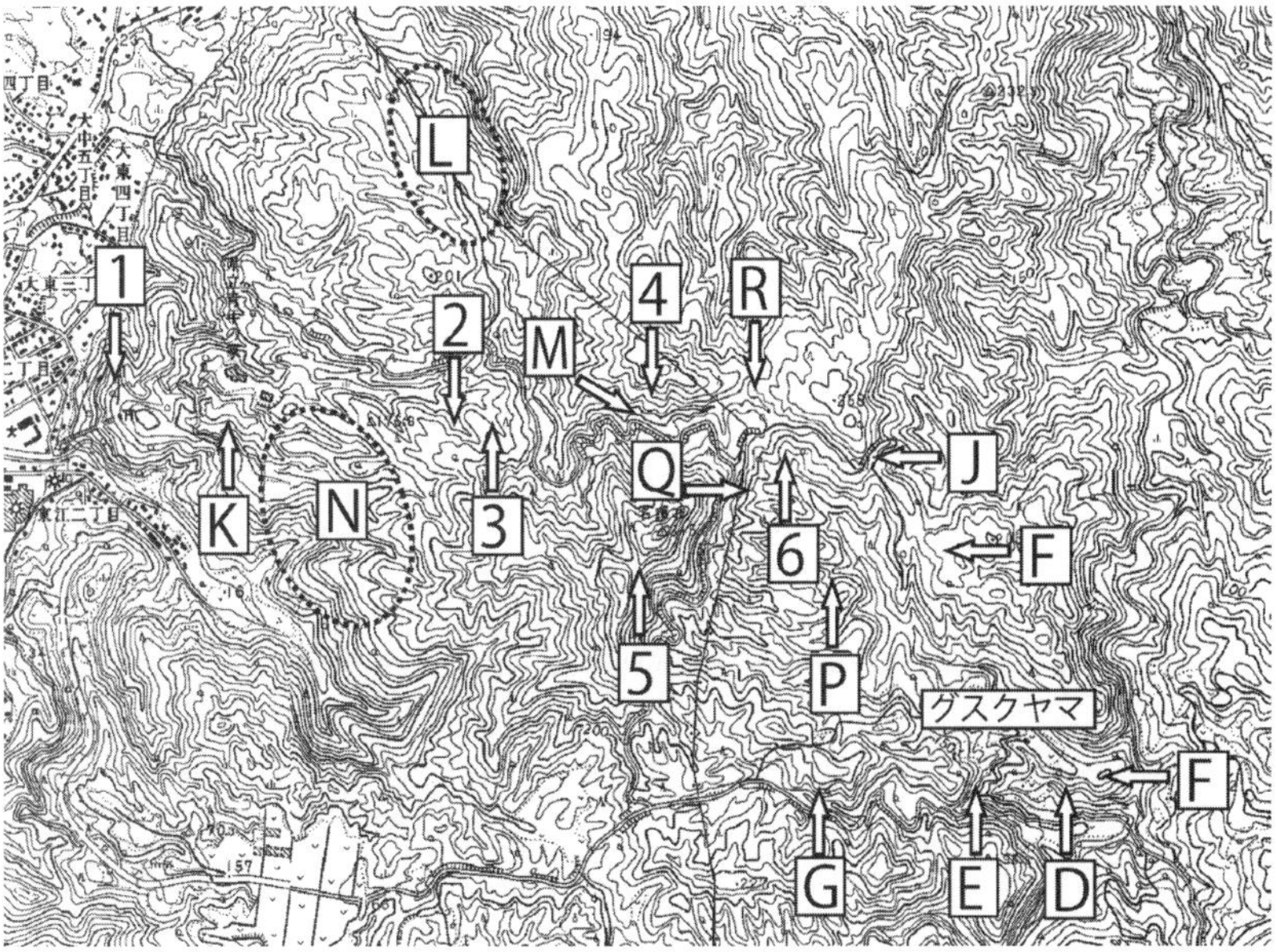


図３　聞き取りに出てくる場所（記号は本文参照）

いや、生えますよ。なるべく深くがいいですよ。

――ノコはどういうのを使ったのですか？

ノコは今でもまだありますよ。ヤマノコ。

――炭は俵にするのですか？　俵の重さは何キロくらい？

五キロぐらいだったかね。人間が担いで運んだね。

――ただ、部落に持って行くときには馬を使うということですよね。

ここだったらね、この道を通っている。名護《なん》グスクあるでしょう？　あそこの横までもって行ったわけ。そこだったら、明くる日には商売人が来て積んでいったわけ。ちょっと寒くなったら、首里、那覇へいくらでも持って行く。ちょっと暑いと売れ行きが悪くなる。

――炭は一年中出荷していたのですよね。

うちらがやっていたものは「一年中」。戦後は一年中は厳しいね。戦後は、夏は農業していたわけ。イモのほかにも、いろんなものをつくりましたよ、サトウキビも。

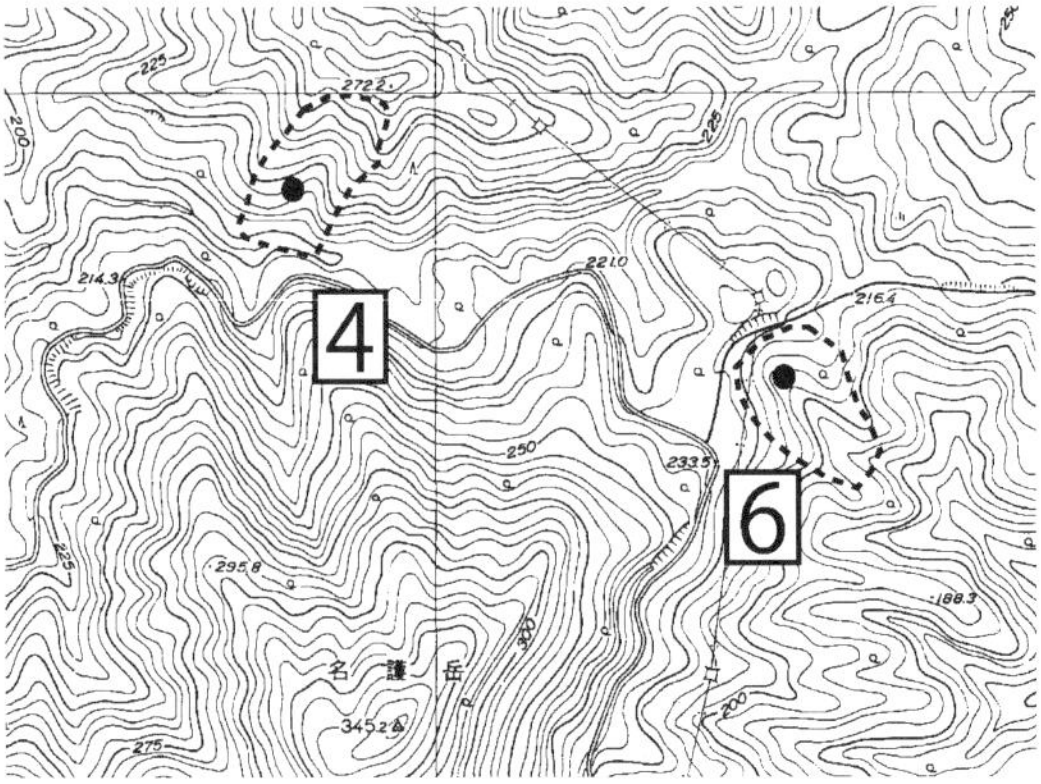

図４　窯の位置と伐採の範囲（番号は図３と同じ）

## 山の中の豊里家

――この空中写真で、三軒並んでいる（写真5、図3のD）、この真ん中のお家ですか？

いや、一つの家で三つ家屋があった。豚小屋とかね。もうひとつ、この辺にないですか。木の中にある。ここの兄弟の家があったのですよ。これは畑ですよね。

――豊里さんのお家は、材は何で作っていたのですか？

えっと、この間潰してどこかに持って行ったばかりだけど、釘が打ちにくかったですよ。堅くてね、ドリルで穴を開けたら煙が出るしね。潰したのは、ほんの一月以内ですよね。あんたら運が悪いよ。タンガマ（炭焼き窯）もあったんだよ。

――豊里さんはヤマから家をもってきたのですか。

ヤマからね。あれは築一二〇年ぐらいだったかな？

――当時、お家を、新しく建てるときには、木なんかはイジュの木とかそういうのはヤマからとり出したりはしていないのですか？

昔は羽地大川が近いでしょう？　その周囲には大きな木がたくさんあったらしい。製材所がないから。

――お家の材料になる木はどういう木なのですか？

シイの木とかね、マツも。カシ（和名オキナワウラジロガシ）とか。これは昭和一九年くらいになってからかな。スギが入ってきた。チャーギ（和名イヌマキ）は、少なかったからね。あれ大きくなるまで待っていられないでしょう？　イジュもあったね。あの時分は建築はみんなスギにかわったんじゃないかね。

ユスギ（和名イスノキ）は植えていた。植林じゃなくて、各家庭が植えていた。家の屋敷に。防風林にもなるし。うちはスギとかセンダンとかサクラとかも植えていた。センダンとサクラの木はどこの家でもあった。イタジイはすぐシロアリつくでしょう？　あれの白いところ。

——このお家の近くの、これは段々畑ですね（写真5、図3のE）。ここには何を植えていたのですか？

芋が多かったですね、あの時代にはね。その前は藍とか。藍も昭和一〇年まで。みんな上の方で植えてあった。藍壷《あいつぼ》があったのですよ。ここと、ここと、この辺にも（写真5、図3のF）、藍壷はあったね。藍壷はどうしても水が必要でしょう。だから川の近くにしかない。

——藍をつくって、どのように出荷していたのですか？　この山中から。

これは大浦《おおうら》から山原船《やんばるせん》でね、与那原《よなばる》に行った。与那原からまた馬車で那覇に行った。ここは道がないものだから、名護に下ろすより、久志《くし》の方が楽なわけ。ここから、こう（写真5、図3のG）、降りて、久志へきたんですよね。これは、そうね、これが大きい道ですね。

## 家から名護への道

——これが名護グスク（図1H）ですね。名護や学校行くのもだいたいこの道ですか？

これは名護グスクでしょう？　こう登ってきてね。ここにひとつの坂があってね（写真5、図3のJ）、ケーギンビラーっていって名前が付いていたけれどケーギンといったら、昔の船の材をケーギンという。この坂を越えて行ったわけ。昔はきつい坂をまっすぐ登った。

——こっちはマツがいっぱい生えていたからということですか。

そうそう。こちら通ったのはね、学校行ったのは、この谷間あるでしょ、これをずっと行ったわけ。ちょうど今の青年の家があるところの、真ん中過ぎを通って行きよったわけ。それで、今、小屋ができているところ、ずっと行って平坦になっているところ。うちらはこの道を通っているんです。これは山道で、普通の開墾道じゃないわけです（写真5、図3のK）。ここは、大兼久の人が薪をとっていた（写真5、図3のL）。

――今、この辺（青年の家付近）から遊歩道がこうして通っているんですよ。

あの遊歩道が昔の道。あの遊歩道の下に名護では一、二番争うくらいの、良い水が出るんだけれど、遊歩道でおさえてしまってね。

――あとは、この道を通って、名護グスクのほうに？

名護グスクのすぐそこにもサーター（砂糖）小屋があったのですよ。これは大兼久の砂糖製造所。あの坂の、すぐ下。一番下に鳥居あるのかな？　あれも昔はちょっとこう登っていきよった。あの周囲には昔は蔡温が植えたとか言う、大きなマツがずっと、一〇本くらいあったかな。

――名護岳に誰も入ってはいけないとか、切ってはいけないとか、そういう山はありましたか？

これは、名護グスクにあるんだね。男性禁止とか、禁止区域。

## 名護岳の水田

――昔、名護岳に水田があったと聞いているのですが、どの辺にあったのですか。

ありましたよ。この辺だったかねぇ（写真5、図3のM）。やっぱり水がなかったらできないからね。

――そうですね。豊里さんは、田んぼに行くときはどの道をつかっていたのですか。

田んぼには行かないですよ、私たちは用事がないから。専ら東側で炭焼きですね。

――田んぼをやらなくて、戦前は食事は三回、朝はご飯だったのですか？　それとも芋？

うちは三食ともご飯。炭をやっているものだから、米の配給が食えないくらいあるわけさ。細長いタイのお米があるでしょ、あれ。タイから輸入して。

戦前、米一俵、四斗が八円の時代だからね。校長先生の月給が二〇円くらいだった。えっとね、はっきり憶えていないのだけれど。木炭を出した量に対して、米の配給があるわけよ。だから、木炭屋さんの他に流せないわけさ。国がもう一括して。

――洋服とかは？　お金がないとだめですよね？　お金はどのようにして？

だから、木炭でいくらでもお金が入るわけですよ。米の券とかね。木炭の生産量が多い家は、家族五〇人おっても食えないくらいあったんじゃないか？　それでうちも後からも田んぼを作らなかった。引き合わない。それよりヤマの中で炭を焼いた方がいい。

――かなり裕福にお金が回っていますよね。労働する人数とか、家族はかなりいたということですか？

うちはそんなにたくさんはいなかった。炭を焼いてさえいれば、餓死することはない。

――米に困らなくなるんだったら、他の人が真似をしなかったですか？

真似しても木炭のやり方は、最初から研究しているから間に合わないからね。僕はタンメー（おじいさん）から教えてもらったね。外から誰かきても、すぐにはできない。タンメーの下の子が女の子で、垣花《かきのはな》（那覇市）のフナコシという人が嫁にもらったわけよ。この人は大阪にいて、戦時中に一度帰ってきてやったけれども、木を担ぐのが下手でね、力はあるけれど。

――例えば、木炭がお金になるということで、那覇とかそういったところで、仕事がない人が、当時のヤマにお家をつくることができましたか？

できましたよ。できたんだけれど、あの時分は失業者っていうの？　沖縄では滅多にいなかったでしょう？

## はやり風邪で人がいなくなった

――樟脳はとっていましたか？

樟脳はね、この谷間だね、二又になっているでしょう、この辺でやっていた。樟脳の窯を作ってね、そこでやっていた（図３Ｐ）。

――クスノキはどの辺に植えていたのでしょうね？

この山は、これは城が植えたわけ。樟脳をとるんだったら、そうとう前から植えていたわけさ。樟脳は、あんまり若い木はだめだから。見たらわかるけど。古い木はよく出るわけ。根の方は余計いいわけよね。曲がった斧で削ってやっていた。木をできるだけ粉にしたいわけ。粉にして蒸した方が、歩留まりが高い。

――この樟脳は、豊里さんたちが使っていたのですか？

いや。薬品会社とかの原料ですよね。だからどこかに卸していたわけ。

――この窯で作業していた人たちは？

僕の家に下宿していた。大概、大宜味《おおぎみ》の人。事業主はね、名護の大兼久のツハさんだったんじゃないかな。

――だけれど、こっちは城のヤマですよね。大兼久の人がどうしてここで？　城の皆さんと、樟脳つくるからお米と交換とか、そういうのあったのですか？

いいや、ツハさんは一括してクスノキを買ったのではないですかね。この辺で鉄鉱の鉱山も持っていた。それでこっち（図３Ｑ）にも昔の鉱山跡がありますよ。これは古い。こっちに鉄塔がたっているヤマですね。この下にも鉱山があった（図３Ｒ）。

うちら子供時分は食用ガエルがいるでしょう。まあ、コウモリもたくさんいたけれど。カエルをとりによくいきよった。鉱山跡に。この辺一帯を、これは正式名称ではないけれどオオタガマっていっていたわけ（図３Ｒ）。オータ(注３)って言ったらこっちのカエルの名前だな。ワンワンなくやつ。これがいっぱいいたわけ。ワクビチともいっていましたけれどね。

——テカチ（和名シャリンバイ）は染料の原料で、国頭ではテカチ窯がありましたが。

テカチは、木炭にしかしなかった。あれは木炭では最高ですよね。あれに敵うものはない。あれの次はモクマオウ。

——モクマオウは、このヤマのなかには入っていないですよね。

ありますよ。植林ではなくて、種が飛んできてね。鳥がくわえて。

——このグスクヤマにはお家は何軒くらいありましたか？

僕が憶えている範囲で、人が実際住んでいる家は三軒あったわけね。それで引っ越した後、家が残っているでしょう？　それをみんな調査したら、きれいに残っているのは二〇軒くらい。

——家は大体この一帯にかたまっているのですか？

かたまりはしないですね。バラバラ。インフルエンザがあるでしょ。あの時にスペイン風邪っていうのがあって、人口も少ないのに、二、三人も一緒に死ぬこともあったらしいよ。そこから、ヤマは下火になって……。

――何年くらいの話ですか？

昭和の初めめか？（注：大正七年～九年）あのときには、貧しい家と豊かな家があるでしょう？　同じ風邪になっても、貧しい家は栄養不良で死んでいるわけ。

――山のものを食べるということはあるのですか？

植物でね？　シイの実とか。モモグヮーあるでしょう、ヤマムムー。うちの子供時分はミカンとかシークワーサーとか、たくさんあったけれどね。

――イタジイはどのように食べていましたか？

植えてないですよ。自然に落ちてくるのを焼いて食べる。焼いて食べた方がいいよ。

## 炭焼きでヤマをきれいに

――ここ、戦後みんな木が切られていますよね？　あれは城の方からみんな入ってから切ったのですか？

これなんで切ったかといったらね、戦争で艦砲射撃受けたでしょう？　破片が木に食い込んでいるんですよ。それと戦後はどんな木でも家を作ったでしょう？　木を上の方だけ切ってから作った人もいるし、下から作った人もいるし、高さもばらばらなわけ。一度ヤマをきれいにするために、炭焼き。ただ伐採するだけでもお金がかかるから炭を焼いた。

——ここはみんな戦中の空中写真で見ても炭焼きで伐採したみたいですけれど、戦後も一遍きれいにするためにも切ったのですか？

そう、裸にしたわけさ。

——それはやはりこの辺に住んでいる方とか、昔からヤマ仕事していた人が中心ですか？　例えばヤマのことをわからない素人が勝手に入ってきたとか。

城の炭焼きの人がやった後に木が残ったらね、自分が炭焼きをやると。あくまでも部落優先にしておかないと。毎年のことだから。戦後は素人も入ってきている。

——木を切ったりしたときには、虫とかトカゲとか山の中で見ませんでしたか？

いたはずだけど、なんもいちいち気にしていられない。

——一回こうして木を切るとどうなりましたか。

今ヤマきれいになっているでしょう？　あれは一度切ったおかげですよ。だから何でも残せばいいというものじゃない。何でも切るのはよくないという、あれは間違っている。

切らないと上のほうから枝がたくさん出るでしょう？　その木はあまりいい木ではない。やっぱり下から出た木でないと。もともとみんな、大きさ一緒じゃないと。小さいのは大きいのに負けるでしょ？　ヤマはすぐヤマになるっていって昔からそういうものがある。南方で切っているのと違う、沖縄のものは。

——この戦中の写真では、この辺のヤマというのはイタジイの小さいものとリュウキュウチクですか。

白くなっているところは、畑と炭を焼いた後のものですよね。戦後のは一斉伐採だから、木炭。名護の場合はね、戦前に青年の家付近一帯は、山焼きしてマツの木を植えてある（写真５、図３のN）。なんでかというと、砂糖樽作ると言ってね。うちらが子供以前の時。

――それで今もマツが多いのですね？

マツ植えるって山焼きしたものが、計算狂って、後はしばらく木が生えなかった。ヤマに火を入れて、ヤマ全体を焼いてしまって、マツの種を蒔いたわけ。それが、禿げ山になった。最初に生えるのはススキ。ススキに続いて、木も横からでているわけですよね？　側にあるススキが木に負けて、下通りやすくなるのかな？　その後は、元あった木が出てくる。シイはシイノキで生えてきますよ。イジュの木はどこにでも生えますよ。イタジイの木はね、ここに持ってきては生えない。

――こっちはリュウキュウチクといって竹がよく生えますよね？

あれも少なくなっていますよ。カヤダケでしょう？　これも戦後は学校教室作るのに、茅葺きに使った。許田《きょだ》まで買いに行った。許田と潟原《かたばる》の間にいっぱい生えていた。

――あそこまで買いに行ったのですか？　名護岳はあんまりなかったのですか？

名護は道がわるいからさ。許田は県道でしょう？

――戦前こういったところ通っていたら、イタジイの小さいものと、リュウキュウチクなどがあったのですよね？　あの頃は、木は低かったのですか？

焼いたから、低いね。この辺は焼いていないです。ここはもともと木、ここは竹。

## ヤマの動物

――イノシシはおりましたか。

イノシシは今も多いけれど、当時もおったですよ。学校帰りなんか、山を越えたところで飛び出してきた。子供だからなめてかかって。わかるからね。

イノシシは吠えはしないですよ。なんかウォって変な声はだすけれど。犬みたいに吠えないですよ。

――飛び出してきて、人に向かってきます？

向かってくる。そしたら、木に登る。イノシシは木に登りきれない。戦前は逃げるためすぐ木に登った。ウリボウを連れている間は、母親が怖いですよ。子ども守るために。ぼくら五、六人で追いかけて行くでしょう？　ウリボウは逃げ切れないですよ。どこかに頭だけ突っ込んで、尻出して。

――芋を植えていたら、イノシシに相当やられるのではないですか？

だからイルカというの、ヒートゥーが名護に来たでしょう。イノシシは、あれの油を嫌うのですよね。入らないようにあの油を畑の周囲にまいて。

――猪垣《いのがき》はもうなかったのですね？

猪垣はなかった。その代わり、一年に何回か、猪獲りというのがおった。猟銃を持ってね、一週間くらい寝泊まりして、何頭か獲ってくる。猟犬二、三匹は連れていましたね。

猪獲りは名護の人ではなかった。羽地大川のクヮンジョーカーという人。戦前は鉄砲で。戦後は罠。

猪垣があったのは、もっと、青年の家の近く。まだ坂のあたりに残っているかね？　青年の家の谷間の滝があるでしょう？　こっちで川を越えるでしょう。これちょっと登ったら、こっちに滝があるわけさ。ここの横をこう、猪垣ずっと。青年の家の上のほうにな。

こっち側は今ダムなっているでしょう。そこから、ずっとこうなっていたんですよ。今のダムの下、あそこ一帯は畑でしたよ。芋を作っていた。

――山の中にハブとかは出ました？

ハブはおったですよ。家には入らないけれど、豚小屋に出た。昔は茅葺きだから。ハブは見たら捕る。昔の人は動く長いものがあったらすぐ叩く。見えていようがなかろうが。

ヤマに住んでた人で、ハブに噛まれた人いましたよ。戦前は噛まれたら、血清がないから、高熱が長く続いて大変だった。診療所があればいいけれど、昔は医者少ないでしょ？　自分の家で治療するわけさ。

――なにか治療の方法はあったのですか？

結局血を出さないといけない。その時分はこういう山々にはヤブ医者いう人がひとりくらいいた。医者じゃないけれどね。

――物知りみたいな人ですか？

そうそう。僕の子どもが熱出したら、どれどれ見ようとか言って来て、カミソリで背中から血をとった。コップ（コップに泡盛を入れて燃やす）でとるのもいるし、そのままのも。あれで結構なおりよったな。あの時分の人はばい菌に強いでしょう。今の人はばい菌に弱いもの。抵抗力弱くなっているからね。

――マングースは戦前はいましたか？

ここらでは戦後、マングースのはじまりは。当時ここに農業試験場の果樹園があったのですよ。今のオリオンビールがやっている前。マングースのはじまりは。そこに四、五番《つがい》くらいかな、わざわざ連れてきて放したわけ。三〇年くらい前じゃないですか。だからこの辺一帯はハブなんかいないですよ。あれはおりますよ、アカマター。また、ここではクハー（ヒメハブ）というが、あれも今はいない。あれは噛むわけよ。

――炭焼きからイノシシからハブまで、いろいろ面白いお話を聞かせていただいて、長居してしまいました。十分説明できなくて。

――いえいえ、ありがとうございました。

（聞き手　当山昌直）

注1　名護市城における調査は、本誌シリーズ『野山がコンビニ――沖縄島のくらし』（二〇〇九年）に報告。

注2　豊里さんは地形図を読み取ることができたので五千分の一の地形図に窯の位置と伐採範囲を記してもらった。それを図4に示す。

注3　鉱山跡にいたことと鳴き声から推定してホルストガエルと思われる。

# 第３章　那覇市旭町・市場の思い出

話者　那覇市旭町　當山《とうやま》喜《き》世《よ》子《こ》さん

大正五年に那覇で生まれた、當山喜世子さんのお話をうかがう機会をえました。喜世子さんの父親は、那覇の旭町で鉄工所を経営していました。喜世子さんのお話は、大正末から昭和初期にかけての、那覇の市街地の暮らしの一端をうかがわせてくれるものです。なお、喜世子さんは、当プロジェクトの班員、当山昌直さんの御母堂にあたります。聞き取りには、二〇〇九年四月一九日、当山さんに同席していただきました。また、聞き書きしたものも、当山さんの手を通して、喜世子さんに目を通していただきました。

## 鉄工所のこと

――喜世子さんのお宅は、カンジャーヤー（鍛冶屋）だったのですか？

昔はカンジャーヤーと言っていましたけど、私の子供時代は、もう鉄工所と呼んでいました。鉄道管理所の入札とかもしていましたよ。

――働いていた人も多かったのですか？

何人くらいいたかなぁ。一〇人くらいいましたか。その当時は馬車があったでしょう。その馬車の用具を作る仕事もしていました。その馬車を作る職人もいました。この人たちは通いで来ていましたが、鉄工所には五人ほど住み込んでおり、通勤が五人いました。

――職人さんたちと一緒に生活をされていたのですか？

家は旭町(注1)にありました。職業安定所（現在はおもろまちに移転）付近ですよ。その家から五〇〇メートルほど離れたところに、鉄工所があって、その敷地内にトタン葺きの家があって、職人たちはそこに住み込んでいました。うちの父も、そこに泊ることがありました。鉄工所は、当時の壺川大通りの那覇農園近くです。

――那覇の市場は近かったですよね。

はい。近いですよ。那覇駅も近くです。漫湖《まんこ》も近いので、泳ぎに行ったものです。泳いでいたあたりは、もう埋め立てられてしまいましたが。旭町の家も、大正時代の埋立地だったので、暴風時に満潮が重なると、水をかぶってしまいます。そんなときは、家の二階に避難しました。旭町は、こんな埋立地なので、区画整理がされていましたよ。

## 市場のこと

――当時の市場のことを教えてください(注2)。

家は女兄弟が多かったんです。だから、父は、家事のことを、娘たちにいろいろなことをさせました。市場にも買い物にいきました。着物を着て、柳行李《やなぎごうり》みたいな買い物籠をさげて。

旭橋のほうから市場に入ると、まず壺屋の焼き物が売られています。これははっきり憶えています。市場の中には、チンシマチと呼ばれるところもありました。かんぴょうとかコンブなどの乾物とかを売っています。吉野葛も売られていました。大通りに面したところは米を売るところです。ただ、お米は家の近くの店に買いにいきました。おかずを毎日、この市場に買いに来たんです。

市場の中には魚を売るところがありましたが、それとは別に、臨時に糸満から魚売りの人が来て、米売り場の軒下の路上で魚を売ることがありました。これはトビウオとか、小さい魚が豊漁したときです。

——小さい魚というのは、スルルー（和名キビナゴ）のことですか？

違います。スルルーは市場では売りません。あれはカツオの餌になるので、売るのが禁止されていたんです。闇で売ってくれることはありましたが。

あとは、ヒンガーイチャグヮー（和名トビイカ）も、そうして売られていました。市場には豆腐も売られていましたが、ヒンガーイチャグヮーが市場に出るときは、豆腐が売れなかったですよ。ヒンガーイチャグヮーは、コンブとイリチャー（炒め物）にしても、汁にしても、安くておいしいでしょう。その日、なんで豆腐作ったかというほど売れなくて、夜の九時まで豆腐買ってくださいと売り歩いていましたよ。いらない……と言っても、揚げ豆腐にしたらいいと言って、捨て売りしていました。あんな時代がありました。

ヒンガーイチャグヮーを買ったら、はらわたを出して、新聞紙でくるんでくれて、それをサチガラー（イグサ）でくくって、わたしてくれるんですけど、帰りしな、海岸に行って海で洗って持ち帰ります。そのままだと、くさくて、近所の人が嫌がったりしますから、海でいったん洗って帰りよったです。

市場にはチンクヮー（在来のカボチャ）やシブイ（トウガン）も売られていて、これらは、大きいので切って売っていました。でも、お米や野菜は近所で売っていたので、市場では魚や肉を買っていました。肉を買いに行って、ブタの脂とかを注文することもあります。明日、上等なのがあったら、家までもってきてちょうだいと頼んでね。市場には子ブタとかニワトリとかを売っているところもありましたけど、そこは私たちはあまり関係がなかったので、よく憶えていません。

——市場にはカエルも売られていましたか？

はい。肉売り場の隅のほうに、アタビー（カエル）を売っていました。アタビーはムショーガリ（栄養不足でやせている子ども）に効くと言って、栄養不良の子なんかにせんじて飲ませていました。一緒に売られていたターイユー（フナ）は、カゼ薬です。これはナベに水とターイユーを入れて、ニガナを入れて、せんじて飲ませます。カツオブシもあったら、入れます。ウナギも売られていました。これは、民間療法に利用され、土鍋に水も入れないでウナギを生きたまま入れて、火鉢に木炭を燃やして黒焼きにして、それにお湯をかけて飲んでいました。

アタビーやターイユーは、久米町の一角にローグヮーヤシチというところがあって、そこの人たちが市場で売っていました。(注3)

——どこの田んぼで採ってきたものでしょう？

さぁ。ただ自分は市場に行っていただけだから……。でも、その頃は、古波蔵とかにも田んぼはありましたからね。

## 子供の頃の暮らし

——昔の、普段の暮らしについても教えてください。朝ごはんとかはどんなものですか？

小さいとき、大正の九年くらいまで……、朝は起きると、おばぁさんがお茶をわかしています。それでおばぁさんに、ウキミソーチとあいさつをします。そうするとおばぁさんが、昨日炊いたお芋をむいて、少しの油で炒めて、塩や醤油をふったのをだしてくれます。これがミークファーヤ……目覚めに食べるものでした。ご飯のおかずは普通に豆腐と味噌汁とかでしたよ。家は毎日、豆腐は買っていました。

ご飯を食べると、旭町から久茂地小学校まで、歩いて通学しました。結構、遠かったですよ。途中、イモ畑なんかもある道です。そこを下駄をはいていきました。雨が降ってきたりすると、ハルヤー（農家）の軒下に入って、着物の中に教科書を入れて、それまで教科書を包んでいた風呂敷を頭にかぶって、それで雨の中、学校に行きました。

学校に行くと、階段のところに、カシガー（麻でできた袋）がしいてあります。下駄をはいて登校しますが、運動のときは、運動場ではだしです。だから、ぬらしてあるカシガーで足をふくわけです。

小学校の時代はシラミがいてね。年、二、三回、運動場に新聞紙をしいてシラミ退治です。寄生虫退治にナチョーラ（海人草、マクリ）を飲まされたり。あんな行事がありました。

小学校時代から、洋品雑貨店が出来て、ゴムが入ったパンツをはじめてはきました。それまではゴム無しの手作りのものです。だから、小学校で、黒板に字を書くでしょう。まだ小さい頃です。一生懸命、手を伸ばして書こうとしたら、パンツがスルッとぬけた子もいましたよ。

——農家の方のお話をうかがうと、年末になるとブタを一頭しめて、その肉を保存しておくといいますが、そうしたことはなかったのですか？

市場がありましたから。スーチカー（塩漬けの豚肉）は買いませんよ。おいしくないし。スージシ（塩漬け肉）は食べたことないね。サバの缶詰とか五銭くらいで買えたし、困りませんでしたね。

――塩や味噌はどうしていましたか？

塩はどこの店でも売っていたし、味噌も売っていたけど、わたしたちは味噌は作りました。家に臼もありましたし。味噌は自分の家でつくったらおいしいし、経済的にもいいですから。味噌を作ったとき、塩が甘いと、小さな虫がわきます。そうすると、お酒を買ってきて、塩と一緒に味噌の中にまいて……。年寄りはあんなしてました。知恵がありますね。醤油は買ってきましたよ。

――昔は、おそばは家でつくるものではなくて、外で食べるものだったのですか？

そうですよ。映画を見ての帰りとか、芝居を見ての帰りとかに食べるものでした。わたしはよく、映画を見ての帰りに食べました。映画は小学校五年のときに、オールトーキーのものができてね。

――髪の毛を洗うのはクチャ（沖縄島南部に分布する島尻層の粘土）でしたか？

そうですよ。日曜になったら、那覇の崖に、クチャをとりに行きました。それで髪を洗いました。髪が長いでしょう。乾かないとカゼをひくからと、晩には洗わせませんでしたよ。そのあと、鹿児島から紙に包まれた石鹸が入ってきました。

髪につける油は、鹿児島からきた人が、家庭をまわって売り歩きましたよ。針金に小さいコップがついているもので、量り売りです。椿油とかいろいろでした。

## 水と灯り

――灯りはランプでしたか？

わたしが東町の家で生まれた大正五年に、電灯をつけたと言ってましたよ。だからほとんど電灯です。ランプグヮーはなかったですね。

――炊事の薪はどうしていましたか？

薪を売る店がありました。でも家では、荷馬車で薪を売りに来たら、その一台分の薪を買いよったですよ。その薪は、カマドの上にタムンダナ（薪棚）を作って、その上に置いてありました。家は、年に二、三回荷馬車で買いよったですよ。普通、裕福ではない家では、一束ずつ薪を買いに行きました。

――薪の一束はいくらぐらいしたものでしたか？

いくらしたかねぇ。豆腐が一丁、五銭だったから。近所の人にお父さんが荷車を引いている人がいて、その日の稼ぎで豆腐買って、ネギ一束買って、カツオブシも買って、それで食べてる……という、生活をしている人がいましたからね。

――水は井戸でしたか？

そうです。まだ水道がなかったですから。旭町の井戸は、ちょっと塩気がありました。那覇市場の角に、渡久地食料品店という店があって、そこのお父さんが、今のウティンダガーという湧き水のところまで、木で作った二畳くらいの水桶を伝馬船に乗せて運んで、湧き水を市場で売っていましたよ。市場のあった東町の住宅街は、家が密集していて、井戸が少ないから、住んでいる人は主に天水をためて利用し、水も買いよったですよ。

そういえば、家には汲み取りもきました。これも船で来て、汲んで帰って、農作物ができたら、お礼といって、汲んだ家にあっちからくれよったですよ。

## 水辺の思い出

昔の久茂地川は、今の三倍くらい広かったです。小学校の帰りに、網と戸板を使って、引き潮のときにうまく魚を捕っている人を見たことがあります。チクラ（ボラ科の小型のものの総称）とかチングヮー（和名クロダイ）とか、いっぱい捕りよったよ。

自分たちも海に行って、貝は採りました。泥のところを歩くと、足の裏に貝がさわるでしょ。それを採ります。この貝はアファクーといって、黒いハマグリのような貝で、縁がピンク色をしています（和名オキシジミ）。これを洗って、なべで湯がいて食べました。あと、シチャダン（和名カンギクガイ）もよく採りました。明治橋のあたりや波の上にいました。これは酢醤油でたべます。

満潮になると、久茂地に流れ込む下水のところまで、チクラが来よったですよ。印象にあるのは、暴風のあと、暴風がやんだら、ウーマク（わんぱく）たちが家から走って、下水のところまで行くんですよ。何をするかというと、お金拾いです。お店で落としたお金が、下水に落ちるでしょう。下水に落ちると、そこまで拾わない。それに雨で泥が流されて、重いものが残ります。だから暴風のあと、下水の、海や川に落ちるところにいくと、硬貨の一〇銭とか五銭とかが落ちているんです。そんなのを見たことがあります。

行事と食

――ちょうど今時分は、シーミー（清明節）の頃ですが、昔もシーミーには、ご馳走を作りましたよね。

ヤマモモを買ってきて、お饅頭なんかのお菓子と一緒に、あとシシジューシー（肉入りの炊き込みご飯）を作って、おにぎりとかにはしないで、ご飯は漆で作った箱に入れて、お墓に行ってお供えをします。キュウリとかで作ったナマシ（なます）もお供えしたりして。その帰りはね、家には帰らないで、芝居も見に行ったものです。私が小学校の頃の話よ。ご馳走を持って、芝居に行って……。シーミーには昼あとから行くから、お墓には四時五時までいて、家の留守番は、男の人（主人）だけが一人帰ってしまいます。女と子どもはみんな芝居を見に行きました。職人もいるから大勢ですよ。旧の三月時分は、そんな遊びをする頃です。三月アシビです。ちょっとした会社だと、芝居の出し物も何をしてほしいか、注文をして観に行ったり。今の花見と同じでしょう。私たちの親の世代は、ナガレブーニーというものもありました。女たちが船を借りて遊んで、その間、夫が子供の世話をします。それで、夜、一二時にしか帰らんものでした。ナガレブーニーがあったのは、大正一五年くらいまでですかね。船の上で踊りもするんですけど、私の母はモーイ（踊り）ができないから、太鼓打ちをしてましたよ。今はこんなことをしないでしょう。

――シーミーのときのヤマモモは、季節になると売りに来たわけですね。

白いじゅばんにバショウ布を着て、片袖を脱いだ姿の女の人が売りにきます。アラバーキ（ザルの一種）にバショウの葉っぱを敷いて、その上にヤマモモの実を載せて、一合マスを持って、売って歩きよったです。

――五月にはユッカヌヒーがありますね。この日はアマガシ（マメとムギで作った甘いぜんざいのようなお菓子）を食べますね。

ぜんざい（アマガシ）は厄除けなのかなぁ。ショウブの葉っぱをさじにして食べますね。ぜんざいも食べますけど、この日は東町の郵便局のあたりにオモチャのマチがでます。指輪グヮーや、おきあがりこぼし……ウッチリクブサーと言いますけど……、それにブリキの洗面器や、紙の人形なんかが売られています。赤ちゃんができたら、男の子ならおきあがりこぼしを買って、女の子ならバケツを買って。小学生になると、指輪を買ったり、お手玉を買ったり、この日はマチカンティー（待ちかねる）でしたね。

ウーメーバークという小物入れもありました。これはベニヤ板みたいな薄い板で作った箱に紙を貼って作った、女の子の小物入れです。こうしたものは、九州から商人が持ってやってきました。

――沖縄では、お盆も大きな行事ですね。

旭町には石炭場がありますが、七月になったら、石炭を置かなくて、七月マチといって、サトウキビとかの、お盆の売り物のマチができます。サトウキビのほかに、スイカもお供えしました。あとはミーガークーガーというキウィみたいなものを山から採ってきて供えます。これは食べられんけど。田舎ではナスやキュウリをお供えしました。今はパインをお供えしますが、あの頃はパインはなくて、アダングーチャーといって、アダンの実を採ってきてお供えしました。これも田舎の人がもってきて、マチで売っていました。ソーローハーシ（お盆に使う箸：和名メドハギ）も売っていました。

アダンの実は、お盆が終わると、男の子たちは持ち出して、ぶつけあって、けんかをさせます。早く割れたほうが負けなんです。サトウキビも持ち出してきて、けんかさせて、折れたら、勝った人がもらう……とやっていました。

今の人は、供え物を、「こんなの食べたら大変よー」といって捨てる人もいますよ。モチもカビしたらすぐに捨てるさ。昔は、水で洗って、水に漬けて柔らかくして、ぜんざいとかにしたのに。

——行事といえば、旧暦一二月八日のムーチーもありますね。

ムーチーは、あの時分は、豆腐作る人のところに、お米を持って行って、ひいてもらうんです。それを持ち帰って作りました。子供たちは、井戸で葉っぱを洗うのが仕事です。一番寒い頃ですが、自分たちで食べるものだから、喜んで葉っぱを洗いました。この葉っぱは、買ってきます。田舎から売りに来るんです。家庭によって、つくる数は違います。はじめての赤ちゃんのいる家では、ハチムーチーといって、クバの葉っぱで包んだものを、奇数個、天井から下げよったものです。何人か、子供がいたら、蒸したムーチーを、ひとりいくつと配ります。あとは自分で吊るしておいて、食べるわけです。その当時はご馳走ですよね。学校から帰ってきたら、ムーチーを食べるのが一番の楽しみでした。うちは八人兄弟で、一人二〇個ずつムーチーをもらいました。弟がウーマクで、一番早く、学校から帰ってきて、ムーチーが多そうな兄弟のものからぬいて食べてしまうんです。わからんだろう……と。でも、みんな数えてありますから、学校から帰ってきたら、もうけんかです。ムーチーも、今の子は食べようとしませんね。

小学校時代、ウチナー店で売っているお菓子といえば、黒砂糖飴グヮーとハチャグミ（沖縄風おこし）、それにタンナファークルーぐらいでした。一番おいしかったお菓子といえば、遠足のときのボンタンアメと干しブドウですね。これは内地から入ってきたものです。遠足のときは、汽車に乗って、駅で降りて、歩いて行って、そこで弁当です。弁当はカーサ弁当にしていきました。カーサに使ったのは、サンニン（和名ゲットウ）の葉ではありません。饅頭屋が、饅頭をのせて蒸すのに使った葉（イトバショウ）をもらいに行って、それでおにぎりを包んで、それをまたハンカチで包んで腰に下げて行きました。

行事ではありませんが、暴風のときは、とにかくイモをたいておいたものです。二日も三日も続きよったですから。それで、店も開かないから、ウムクジアンダギー（サツマイモのデンプンとふかしたイモで作った揚げ団子）とかを作りました。ウムクジ（サツマイモのデンプン）は、着物の糊に使いよったけど、こうした非常用にとっておいたんです。

## 時代は繰り返す

家の鉄工所では、製糖ナベを作っていました。鋳物のナベはすぐに割れてしまいます。そこで内地から大きな鉄板を持ってきて、丸く切って、それをコークスで赤くして、四人の職人が木の槌でたたいてナベの形にひっこませます。これは丈夫です。これを作るところは、家と西武門《にしんじょう》にもうひとつの二か所だけでした。

兄が学校ではデキヤー（成績の良い者のこと）でした。本人も進学が希望で、先生も進学したらと薦めてくれたんですが、父が誰がこの鉄工所を継ぐのかーと。それで跡継《あとつ》ぎになりましたが、海軍で戦死しました。海軍に入っても巻紙で手紙をよこすような人で、向学心があった人でしたが。

今、テレビとかを見ると、就職難の時代と言っています。昭和八年頃も就職難でした。学校を出ても仕事がないということで、家にいたことがあります。今も似ていますね。

私は昭和一五年、二五歳のときに大阪に行って、結婚して、戦時中は岡山に疎開して、沖縄には昭和二一年に戻ってきました。そのとき、主人はおナベとバリカンとノコギリを持ってきたんですよ。

――長い時間、お話くださってありがとうございます。

こんなお話で、何か役にたつことがありましたかしら。

――はい。もちろんです。

(聞き手　盛口　満)

注1　旭町は、当時の那覇の中心部の一角にあり、大正七年、漫湖岸を埋め立ててできた。戦前にあった軽便鉄道の那覇駅にほど近く、また、東町市場（ナーファヌマチ）にも近かった。

注2　市場の話の聞き取りには、『聞き書き沖縄の食事』(日本の食生活全集　四七　農文協) に掲載されている市場の図を見ていただきながらおこなった。

注3　アタビーは一〇匹ずつ束ねてザルに入れたものと、腰から下だけを残して処理したものを板の上に並べたものを販売していたという (値段は一束で五～一〇銭くらいだった)。また、カエルはオオハマボウの葉に一度くるんでから、新聞紙にくるまれ、買い手に渡された (以上、「戦前の沖縄におけるカエル類の調理方法について」当山昌直、Akamata (16)：13 (2002) より)。

# 第４章　国頭村奥間・与那覇岳に試験場があった頃

話者　国頭村奥間　親川《おやかわ》　弘《ひろし》さん

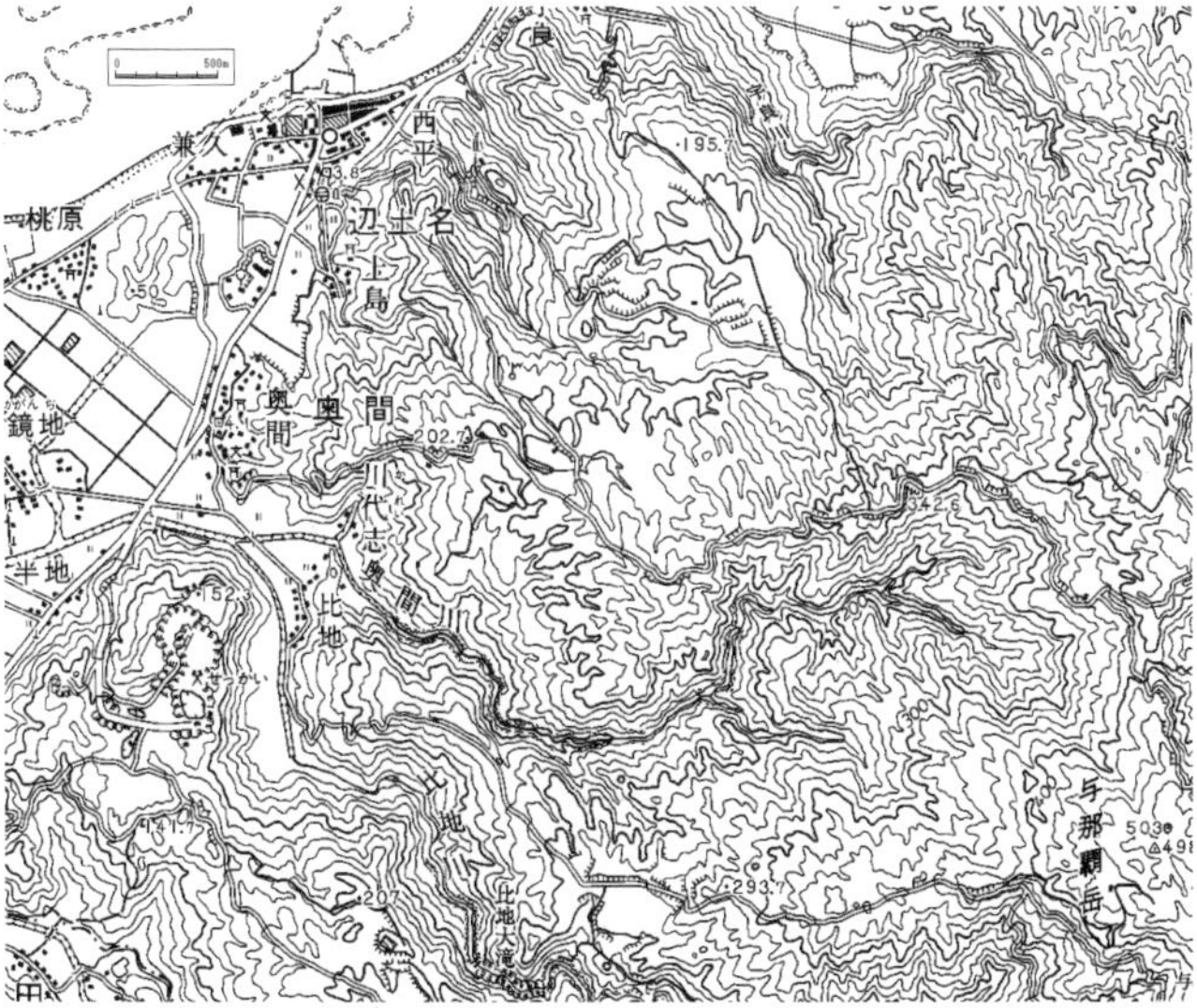

やんばるでは、山を生活の場として利用してきましたが、戦後になってその様子が著しく変わっていきました。戦後のやんばるの変遷、特に与那覇岳から奥間付近について、二〇〇六年一二月親川栄さん（司法書士）の御尊父、国頭村奥間の親川弘さん（大正一一年生まれ）のお話を伺うことができました。弘さんは、戦後国頭村役場に入り、農業普及等の仕事をやってきました。その後、製糖工場、農協にも関わってきたのですが、特に山仕事をしたわけではありません。ただ、戦前からの山林地主として、また役場等の仕事として国頭村の山をみてきております。お話を伺う機会を下さり、また下原稿を詳しくチェックされました親川栄さんに感謝します。

## 父親と山へ

――一〇歳くらいのときからお父さんの手伝いをしておられたということですが？

与那覇岳を越えたところ、安波川《あは》の流域にも個人有地が七町歩ぐらいあったんですよ。あの公有林の中にですね。小学校高学年の頃、休みの日に父親と一緒にあの公有林の中に行って、そこに人夫を見に行って、帰りに大雨にあって、そこの近くのヤナマタ開墾（注1）というところで身を寄せて止むのをまってとか、そういうことくらいですね。

父と山に行くというのは、山で斧を使って作業をやるということではなくて、山の見回りをすることでした。クスノキの成長をおさえるようなカズラとか雑木とか。こういう阻害要因とか、あるいは山の区域境界ですね。ウチの山はこの辺だよ、といって見るとかね。まあ、ハイジ開墾なんかはもう、片道二、三時間、往復では六時間くらい、あるいはそれ以上かかりましたからね。山を一回りしてみる。そして人夫を雇って、泊まり込みさせて山を管理させたんですよ、食料を持って二、三日、四、五日。二、三名ですかね。そうして見回りして、人夫にどうこうしなさいと言って指示したりしたわけです。

　与那覇岳の裏側にあったのは、ノグチゲラの保護区買い上げで昭和五三年に山を国頭村に譲ったんです。

　今ある親父の土地はユルジ開墾。大国林道で分断されて、そこには水場があるんで

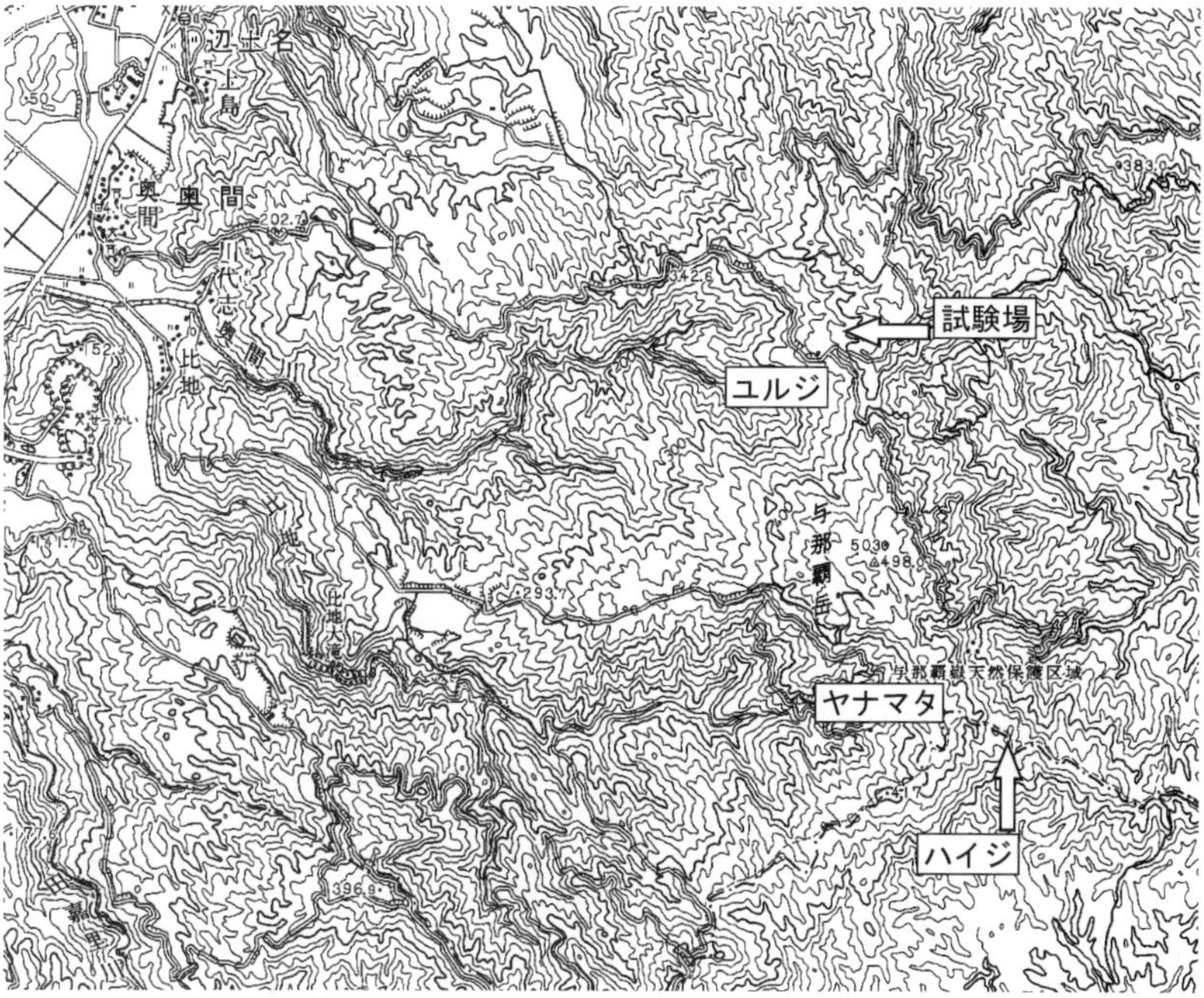


図５　話に出てくる地名の位置

すよ。ユルジ開墾の場合も同じですね。日曜日に山をずっとまわって、どうこうしなさいと指示してから泊まり込みをして管理をさせた。そういうことで日帰りですから、ユルジの場合でも、県の農業試験場があったところでも二時間以上かかりますから、往復で五時間くらいかかります。山を一回りするくらいでもう精一杯ですね。

## 樟脳の話

――その頃は、樟脳《しょうのう》とかそういうものはありましたか。

ウチの親父はですね、だれから習ってきたかわからないんですけれど、樟脳に熱中したんですよ。私がちょうど二十歳ぐらいになるまで、一九四〇年くらいですかね。奥間の山の奥の方、与那覇岳の東側にハイジというところにあるんですね。それからこのユルジにも、両方にクスノキを植えていたんですよ。

私は、一〇歳頃から親父に引っ張られて山に行ったんですよね、日曜日などに。クスノキは昭和一二、三年頃にはかなり大きいんですよ。その頃には樹齢四〇年くらいなっていました。それで、そろそろ製造したらどうかといっていろいろ聞いたのですよ。かなり大木ですから。ところが四〇年から、五か年、一〇か年延ばすということは、今まで以上の歩留まりがあるということですよ。そういうことで延ばしのばしして、終戦になってしまったのですよ。終戦になったら取り勝負ですよ。私有林、公有林など関係ない。みんな盗伐されてなくなりました。そういう状態で金にならないで。いいものはみんな取られてしまった。残っているのは悪いものばかり。まあ、住民へ奉公をしたからいいかなと思っています。

――クスノキは植えてからどのくらいたつと利用できるのですか？

これは専門ではないので、よく知らないが、老木になればなるほど、樟脳の歩留まりが高かったということを父は専門家からよく聞いていたんでしょうね。それで延ばしのばしにしていたのだと思います。何年ぐらいが良いとかはわかりません。私は、樟脳の製造方法は全く知りませんね。

写真７　樟脳釜跡

## ソテツを食べる

――ソテツを植えるのは普及しましたか？　ソテツをいっぱい植えなさいとかはありましたか？

ソテツの増殖というのは、行政辺りではそういう話は聞いたことがない。やっぱり餓死（飢饉）との関係ですね。宜名真《ぎなま》の辺戸上原《へどうえはら》あたりはソテツがよくありました。よく管理もしていた。奥間のほうもソテツをよく植えて、私も食べました。母がアク抜きしてですね。私が小さいときに取りに行ったことがありますな。

――それはどういうときですか？　干ばつかなんかで？

冬になって植物は休眠するでしょう？　それと同じように、休眠したときには歩留まりがいいということで。冬に取りよったですね。

――取りに行かれたのは実ですか？　茎ですか？

実も茎も、母に連れられて取りに行ったことがありますよ。茎は、担ぎやすいように真ん中から切って、原野で削って、それから持ってきて小切りにして水に漬けよったですね。竹の籠をつくってですね、それに流れがありましたよ。この奥間川から用水路があって、部落のずっとまんなかを通っていた。そこに籠に入れて石をおいて、かなり長いこと漬けた。アク、なにかな、毒素を抜いていたのかな。そうして食べて、おいしかったですね。

――実はどうやって食べたんですか。

実も割って、やっぱり漬けたでしょうね。毒素を抜いてそれから粉末にして、デンプンとかそういうものにして貯蔵。お祝いの時にご馳走をつくった。また、実は貯蔵しました。また、実は味噌の原料にもなりました。

――実は味噌の原料とかというふうに分けて使っていましたか?

味噌とか、天ぷら揚げたり、カステラにしたり、いろいろ作りました。実は、割って、砕いて、臼でひいてデンプンにしますから、貯蔵がききました。

――ソテツはどこに取りに行ったのですか。

ソテツは、段々畑というか、畑の端、アブシ(畦)に植えてあった。先人は防風林とか、それから土壌浸食防止とか、土石流失防止とか、そういう対策にやったと思います。植えたのは、そういう先人の知恵だったと思います。食料危機の対策としても。昔は八月暴風になったら、芋もみんな台風にやられて、翌年の七、八月まで食べ物がなく餓死する場合がたまにあったらしいですからね。

――旧暦の八月ですね。今の一〇月暴風というものですね。

食料は芋ですからね、芋が一〇月にやられたら、葉っぱでも立ち直れないですよね。寒いから。そういう対策、先人の生活の知恵と申しますか、ソテツを植えたのは。

――記憶にある一〇月暴風のひどかったのはいつ頃？

えーと、よくありましたね、昔は。小さい頃の台風と今とでは、昔の方が台風はひどかったという感じがしますね。と申しますのは、落ちたミカンなんかですよ、ポケットにいっぱい拾って持ち帰りましたからね。バナナも倒れる。

――昔はみんな茅葺き屋だったのではないですか？

そう、もう飛ばされて。屋敷もみんな防風林でしっかり囲んでましたよ。

――防風林はフクギですか？

そう、フクギとかユシギ（和名イスノキ）とかですね。イヌマキとかもありました。そのなかにまたミカンなんかもありましたからね。

## 飢饉の時

――一〇月暴風の後に、夏がくるまで食べ物がないと言われたのですが、何を食べておられたのですか？さっきソテツの話は、その時に食べていたのですよね？　本当にお腹が空いている時期は何を食べておられたのでしょう？

極端な食料の危機ですか。食べるものがないと、そんな極端な時代はなかったんじゃないですかな。水田地帯だからね。備蓄があったのかもしれません。

——奥間は割と豊かですよね。

奥間あたりは、あまり飢饉の経験がないんじゃないかな、米があるから。私が生まれてから食料が底切れしたとか、そういう家庭はなかったのではないかと思います。明治大正のその先のことはよくわかりませんが。そういった先人が食料を一〇月台風にやられて万が一に備えてソテツなんかを食料の代用品として。沖縄には食料の代用品はソテツしかないですよ。シイの実とかいろんなものがあるのですけれど、てっとり早く食べられるのはソテツですから。そういう先人がソテツを植えたんじゃないかな。段々畑とか原野に。

## ススキは貴重

成人になって、桑の葉とか、牛の草をよく刈りにいきました。ショーガチグサ（正月草）といって。

——牛の草はどんなのを刈るんですか。

ススキですね。正月になったらススキ草。担いで刈りに行くんですよ。終戦直後、戦前は牛が各戸にいて、奥間の百戸くらいの家のうち、七割ぐらいの合計約七〇頭の牛を養っていたはずですから。里にはもう草はないですよね。

——結構なススキ量が必要だった？

正月草を求めて山に行ったのですよ。担いでもってくるのは、二日分くらいありますかな。それくらいの草しか担げませんからね。

――どんどん奥に行かないとないんですね。

ないですよ、牛が多いですから。

――子供にはできませんか？

もう、あの頃は子供でもやりましたね。草刈りをよくやった。牛の草刈り。友達もですよ、小学校五、六年から草刈りをしましたよ。牛も養っていたですからね。学校から帰ってきたら、友達たくさんいましたから、楽しいんですね。いろいろなゲームして、勝ったのはツダチ（二抱）ずつもらうとか、負けた人はツダチをあげるんですよ。またやるんですよ。手ぶらで帰る場合もあったのです、負けて。そしてうちに帰ったら怒られる、夕飯もくれない日もあったり。子供は小学校からウチに帰ったら牛草。それが日課。

――女の子も？

女の子はやりません。女の子は洗濯とか掃除とかそういうものじゃないんですか。

――牛草につかうのはススキが多いんですよね、他の草は使わなかったですか？

牛も山羊の草にもつかいました。牛はススキが一番好物。

## 家庭の薪取りは女性の仕事

――昔、戦前も含めて、薪を取る場合は部落単位で決めてからとっていたのですか。取り勝負だったのですか？

私の記憶では、取り勝負。奥間のほうは自由でしたね。規制はなかったような気がします。薪がなくなったら山の公有林に取りに行った。

――薪取りは馬を使っていたのですか？

馬は見ないですね。牛は各戸ほとんどいました。薪の場合にはみんな担いでですね。主に婦人が運んでいたですね。

――男はその当時は何をしていたんですか？

男は農業もやるし、山の材木を切って出しよった。主に女がしたのは自家用の薪だ。奥山方向で男も加勢していたんですけれどね。モーキジク（現金収入の仕事）するための木は男、自家用は女が取っていました。

――牛は食べるためのものですか？

いや、牛は換金。あの頃は換金と言ったら、戦前はサトウキビですよ。牛豚、あとはなにもないですね。ジッチュートゥヤー（月給取）もいませんよ。郵便局、先生、役場それから農業協同組合とかありましたね。そういう方がだいたいジッチュートゥヤー。みんな換金は、山かせぎとか、サトウキビ、それから牛、豚。

## 換金したもの

――水田は？

米も戦前は在来種でした。台中六五号というのは昭和一二、三年頃にしか普及していないですよ。戦前の僕らが物心ついた、昭和二、三年頃はフィジメー（髭米）ですよ、在来種の髭《ひげ》のある米ですね。ですから在来種というのは収量が少なかったですからね。売るのはなかったでしょうな。昔はウチも蔵があって、蔵に米を収めて食べるために千歯《せんば》でやって、臼でひいて、白米につついてから食べよった。ウチは臼があったんですよ。小さい臼も、大きい臼も。残業でやりよった。一人で。そして何日間分くらいあるんですよね、一〇日か一五日分くらい。またやるんですよ、なくなったら。そして売るのはあったかなあ。あんまり売るとかそういうのは記憶してないですね。

——木炭はよく作っていましたか？

山に炭焼きは多かったですよ。炭焼き、竹とかサバチャー（タムンともいう：薪のこと）、そういうものが換金ですね。それから軽便鉄道の枕木とかそういうものもたまにあったでしょうな。それから樽とか、そういう特殊なものも。

## 山に依存した生活

——炭焼きやると木を切りますよね。伐採地の割り当てがあったのですか？

買うんですね。公有林（村有林）を入札して。

——字有林ではなくて公有林ですか。

字有林というのはないですね。イリアイ（入会林）というのはある。村有林は入札して買いよった。買う場合は、村の林業係が公有林を区割りする。入札して、落札したら今度はそっちに住み込んで木炭をやるわけです。

——公有林が細かく区割りされているのは、そういう意味ですか。

これは村有林払い下げです。一九六三年に役場庁舎建設費調達のために地域の人に払い下げをしたんですよ。これが戦後の私有地なんですね。

(地図をみて) この分水嶺が杣山《そまやま》と公有林との境界で、猪垣があるんですね。そのなかに戦前からの個人所有林はこれだけです。あとはみんな公有林ですよ。炭焼きをする方にこの区域を売って、そこに窯を構えて小屋を造った。

――木だけを売るのですよね?

そうそう立木だけ。

――この場合、範囲はどうやってわかるんですか? 山の端はわからないでしょう?

面積ですね。川と川の間とか、尾根と尾根の間とか、谷間とか。そういう範囲で決めていました。昔から林班というんですよね。林班のなかの、この林班のなかのこれだけということで。

――一度切ったあとはまた何年後に使えますか。

炭焼きは、三〇年か四〇年後ですね。戦前は、大地主が農業で、牛、豚、芋を売るとか、米を売るとかで生活していたけれど、一般の人は生活をほとんど山に依存ですね。

## 国有林は地球の裏側

――戦後は今の国有林は米軍基地になったと思いますが。戦前から国有林というのはやはり入りにくかったですか?

厳しかったですね。ヤマクヮン（山官：山の管理人）がおりましたから。国有クヮン（国有林山官）として。

——戦前からいて、当然炭焼きもできない？

国有の場合、払い下げありましたかなあ。国有もあったでしょうな。伐期がありましたから国有の方も、入札もあったと思いますね。しかし、国有の払い下げというのはあまり聞いたことがない。奥間では東側とは違って「地球の裏側」なんですよね。だから国有林の払い下げとは全然無縁なんですよ。それは国頭でなく、沖縄全体に対してそうではないかと思うんですよね。国頭がやらなければ那覇とかからまた切りにくるのも大変でしょうし。

## イトバショウのこと

——イトバショウも植えていましたか？

イトバショウは野生があった。うちの母は人を雇って、ユルジにはイトバショウをとりにいきましたよ。ここ（琉大ワンゲル小屋付近）まで行ったのです。ここはみんなヤードゥイ（屋取：近世後期、首里、那覇の俸禄を打ち切られた士族が山中に開墾した集落）跡だから。残っているんです。自然のものがあったんです。

——イトバショウは、海岸線には植えていなかったのですか。

はい。月に一回手入れしているので、人がいつも行き来する場所。だから、山に芭蕉が残っている。イトバショウがあったということは自然のもの。私が思うには、昔は自給でしたから、先人が植えたのではないかなと、原野に。原野に生えているけれど自生ではない。

――イトバショウは自由にとって良かったんですか？

所有者がおりましたから、自由にとってはいけなかったと思う。私は、ユルジでかなりとりました。ですから向こうに人が住んでいましたから、私が小さい頃も、その前もいたのではないかと思っていますね。

――お母さんは機織りをされたのですか？

はい。養蚕もやっていました。養蚕室もつくって、紡ぎよったですね。山に桑をとりに行きました。担いでですよ。そういえば試験場にも桑があったねえ。

――蚕糸を染める藍はどこから？

藍は伊豆味《いずみ》から買ってきました。それからトテツ（ティカチともいう：和名シャリンバイ）とか、フクギとか。ヤマモモも使ったはずですね。よくわかりませんが。

――藍壷なんかは試験場によくありましたか？

ありました。辺土名の渡比謝《とうひじゃ》でヤンバルクイナ荘という民宿がありますよね。そこは、土地改良前はムイグヮー（小さい森）だったわけね。そこに本部《もとぶ》からやってきた比嘉のタンメー（おじいさん）が戦後も藍をやっていましたね。壷を作って。

## 終戦直後のこと

――奥間では終戦直後の食糧増産のため、みんなで猪垣の修理再建などそういうのをやりましたか？

国頭村も一生懸命した。終戦直後、アキケバタ（明地畑）あるでしょう？　芋植える開墾、原野を開いて。今までの既耕畑もあります。さらに終戦後人口が増えたものだから、山も既耕畑だけでは足らないから開墾する。開墾すると山に、耕作地は山に近いですよね。猪垣を強化しました。村でも最重要項目。ハルヤマショーブ（原山勝負）というのがありましたから。私も産業課長していましたから。猪垣は徹底しました。これはサンゴ礁でやる［テーブルサンゴの積み上げか］とか、それから鉄線、有刺鉄線を巻いてやるとか、それから竹で上に向かってこうやる［竹垣を作る？］とか、それから土手を積み上げるとか、落とし穴つくるとか、昔の落とし穴、埋まっているから掃除して再建して、ヤンバル竹、上に渡してやってですね、穴が見えないように。

猪垣といえば、ハルヤマショーブ。年一回の勝負が多かったですよ。猪垣は強化最重要項目として審査しました。それと農道の管理、害獣の野鼠退治。農家に一戸あたり何匹か以上とるように義務づけ。ネズミの尻尾で数えましたね。補助金は出ません。それから猪の歯（顎）、カラスの嘴。これは予算化して、買い上げていました。

――いくらくらいですか？

猪の顎が三〇〇〇円くらいかな。そしてカラスが一〇〇〇円くらいでしたかな。終戦直後ですね、行政が再開してからすぐに予算化してやっていました。私は昭和二五年、一九五〇年の役場づとめですけれど、そのときもう買い上げをしていました。ハルヤマショーブで、林道の掃除、農道の掃除、それから畑の周囲の管理なんかをしていました。

――どこが対抗するのですか？　個人個人で勝負させるわけですか？

部落単位ですね。それから堆肥原料の増産。これは立方をはかりよったですよ。原料なんか積んで、縦、横、長さ。何十立方あると。それから牛と豚の厩肥。みんな箱詰めさせて、戦後はそんなふうに厳しくやりましたよ。

――どこでやったのですか？

各家庭で。家庭の広場でやりよった。あるいは畑の側とかですね。堆肥原料などは畑の側ですね。それから運んで。どこで聞いたのか、堆肥のなかに芭蕉の茎を詰め込んでごまかしていることもあったとか。そうですね、木の枝とかもありましたよ。

――ハルヤマショーブには農産物などは入ってこないのですか？

農産物などは産業共進会でやりました。ハルヤマショーブというと、デンバタ（田畑）の管理。

――一等賞になるといいことがあったのですか？

村が賞金あげよったですね。

――どれくらいの賞金？　飲めや歌えができるぐらいの？

それはよく憶えていません……四〇年、五〇年前ですから。村に記録はありませんかね。予算にもなっているなら。

――あの、水田は田芋なども作っていましたか？

田芋はですね、作っていましたが、まあ、審査項目には入っていませんでした。自家用。

## 農業普及員の仕事

――その頃の普及員はどのような仕事だったんですか。

一九五〇年に役場に入りましたから、一か年、産業課にいて、五一年に普及員になったんですよ。普及員時代には全部パインですね。私の普及員時代に、伊豆味とかからパインの苗を、伊豆味とか呉我山あたりに泊まって調達しましたね。八重山にも行きましたね。その頃パインの苗は各市町村競争でしたからね。黄金です。私は向こうに泊まり込みして、農家一軒一軒回って苗を確保しました。サトウキビも今帰仁辺りで農家や畑をまわって、一本でも集めようとしました、それから国頭村に送りました。

――サトウキビを植えるのはいつからはじまったんですか？

そうですね……サトウキビは一九五二、三年頃ですね。パインは五一年だったと思いますね。

――パインとか、サトウキビが入る前には何を植えていたんですか？

芋ですね。畑はほとんど芋。開墾までさせて、自給自足。アキケバタを焼いて、山の木を倒して、焼いて、クワで耕してそれから芋を植えた。食糧増産。五一年頃です。

――あの頃、マチグヮーにいって売るとか。

そんなことはない。自給自足だった。終戦直後は国頭村の人口も一万人を超したんですね。今は五〇〇〇人くらいで半分くらいしかない。海外から引き揚げてくるでしょう。帰ってきて、人口が三倍くらいになっていたんです。問題は食糧の確保。だから戦前の耕地面積では自給できないんです。段々畑も開墾して面積を増やしたんです。開墾を奨励して食糧、芋の確保をしました。役場の場合はアキケバタに対して補助金がいっぱいあったんですよ。県からも補助金を流して。面積も調査して、芋植えの補助金を流した。

――段々畑は芋を植えて、下の方はターブックヮー？

ターブックヮーありますよ。

## 与那覇岳にあった試験場

――与那覇岳のほうには試験場がありましたよね。あれはいつ頃できて、いつ頃閉じたんですか？

そうですね、与那覇岳はご案内の通り、標高五〇〇メートルくらいですか。そこには夏野菜もできるでしょうという発想ですね。沖縄のほうは高温ですから、夏の葉野菜は長野あたりの高冷地から輸入しているから。

与那覇岳でまず試験をして、夏の野菜でも県内自給できないかという発想ですね。当時の園芸部長が、予算をとって園芸部の試験場をつくったんですよね。一九五二、三年頃じゃなかったかなあ。はっきりとはわからないのですけれど。

――実際に、どういったものを植えていたんですか？

野菜、葉菜類ですね。お茶も植えました、紅茶ですね。紅茶の試験もやるということで、お茶と野菜ですね。そういうのを栽培してですね。事務所をつくって、それから村内の若い方々を採用して、園芸の試験を始めました。

――試験場をつくるくらいだから、その頃、試験場周辺の木はみんな小さかったんですか？

その頃はそんなに大木はなかったと思いますね。半分くらいから上側を切って、下側を残してこう引っ張るんです。そうすると根が動くんですよね。短いと起こしにくいですから。二メートルくらい残してこうクワで切って。倒して抜きよったんです。そして開墾したんです。人力とクワでですね。それに、ツルハシとノコ。普通に木を切る場合はノコです。チェンソーなんかありません。それから開墾グェーと言ってありました。特別のクワです。

クワは、名護のクワですね。名護の開墾グワといって、平グワをつくっていた。開墾グワは名護か今帰仁辺りから注文していた。

## 山中に住んでいた人

――試験場付近に住んでいる人はいませんでしたか？

その頃は、二軒ありましたね（一軒は仲間《なかま》ヤー）。ヤードゥイでした。その人家があって、そこに試験場をつくりました。最初は若い方々を臨時採用して、通勤して開墾したんですよ。しばらくして、茅葺きの事務所をつくって、若い方々は、そこで寝泊まりして、試験場の仕事に携わりました。

――琉球大学のワンゲル小屋付近には誰か住んでいたんですか？

ここにはですね、明治三〇年頃の奥間山における杣山払い下げがあったところ。奥間の山の中に公有林があって、この中に個人所有地があるんですよ。

杣山払い下げには親川のもあってね。また、杣山払い下げには、辺野喜《べのき》川上流の安谷屋《あだにや》開墾とか、個人所有地があった。

戦前から公有林の中に個人所有地があった。だから杣山払い下げの名残だろうと思います。

## 与那覇岳への道

——物を運ぶのは人力か馬。馬車はどうですか？　いつから車が通れるようになったんですか？

あの頃は与那覇岳には道路もありませんでした。馬車は通りません。歩道ですから。昔の山道ですね。

——作った頃は、試験場にはみんな歩いて行ったんですか？

歩いてですね。はい。昔の歩道ですから。車もなにもできない。試験所の車はロバですね。(注2) ロバに係がおりました。その係の方がロバを利用して、食料なんか運搬をしていました。職員は、みんな歩いて通勤ですね。

今、与那覇岳に奥間林道があるでしょう。これができたのは、与那の方が落札して、この奥間林道を作ったんです。いつ頃できたのか……。これは村の議会でそういう事業は落札しますので、奥間林道入札とかいろいろ議会記録にはあると思いますね。いつ頃入札していつ頃できたかということはあまり記憶はないですね、農道着工したとか完成したとか、あんまり関心はなかったので。試験場ができて、事務所ができて、五、六年後に林道が着工されたと思いますね。

その頃、臨時採用から本採用されて、現在、県の公務員でまだ働いている人がいます。今でも奥間に一人、高校を卒業して直後、一八か一九歳くらいに採用されていましたから、五五、六歳ぐらいになるかなあ。その方も、よくいきさつはわかると思いますね。

## 園原咲也先生のこと

うちの父は園原咲也《そのはらさくや》先生、（注３）戦前の農林の先生に、刺激を受けて、いろいろやったのではないかと思っています。非常に親しくしていました。休みのときなどは、園原先生に山を案内をしたり、回りよったです。ですから、先生に勧められてやっていたのではないかなと思います。私は、お話を聞いていたらいろいろ、山の利用価値についてとか、そういうことを考えているという感じを受けました。

――園原先生と一緒に山にも入りましたか？

ええ、あちこち。園原先生に勧められたから、私は農林に行ったのかもしれません。

――あの人はお酒を持ちながら山に入るというではないですか？

そうです。水筒代わりに酒を持って。泡盛を。

――山で泊まられたことはありますか？

私はないです。

――本日は本当にありがとうございました。

（聞き手　当山昌直・安渓遊地・安渓貴子・渡久地健・早石周平）

注1　親川前原《ぜんげん》（明治八～昭和二三）。役場勤務。国頭村の収入役などを歴任。山林所有者として日曜日に管理し、子供と山奥の所有山林に行った。

注2　在来馬との混同がないか、後日再度確認したところ、「ロバ」ということであった。

注3　植物研究者（明治一八～昭和五六）、長野県出身。沖縄県農林技手として県有林事務所を振り出しに、県農林技師、沖縄県立農林学校教諭を歴任。戦後は、北部農林高校教諭を勤めた。天真爛漫な人柄で地域住民から慕われ、沖縄の植物学研究の発展に先駆的な役割を果たした。

# 第５章　国頭村安田・ウメさんの山歩き

話者　国頭村安田《あだ》　知念《ちねん》　ウメさん

ヤンバルにくらす人々が、これまで山や海などの自然とどのように付き合ってきたのかを学びたいと思い、国頭村安田《あだ》に通うようになりました。安田の方々に、山の地名や歴史、山稼ぎについてお教え頂くなかで、大正八年生まれの知念《ちねん》ウメさんに出会いました。安田の方々がウメさんのことを語るとき、畏敬の念を込めてあの人はすごかった、と話されます。「男でも担げないような材木をウメさんは担いでいたよー」とか、「あの人が（竹の）先生さぁ」とか、「ウメさんの竹はとてもきれいだったぁ」と。竹は瓦を載せる骨組みや垣などの建築用材に使われますが、この竹が「きれいだった」という言葉がとても印象的でした。

二〇〇九年三月一〇日、ウメさんに山のくらしをお聞きしました。安田区長の神山担治さんをはじめ、安田のみなさまには地名など大変貴重なご教示を頂きました。厚くお礼申し上げます。

## ウメさんの歩いてきた山

――今日は、山の話をお聞きしたいんです。どの辺りの山へ行かれていたのですか？

ずうっと山だったよー（笑）。横断線（与那《よな》―安田間の県道二号線）があるさ。あの中頃まで行きよったよ。フンガー(注1)（図6の①）もずうっと越えて、フンガーはまだ半分道だよ。行き帰りするさぁや、朝行って夕方にしか帰ってこないさ。朝、豚の餌のイモ炊いてあげて、夕方もまたあげて。こんな生活して暮らしてきたんだよ、今まで。トラックが乗せてくれることもあったけど、いつも歩いて、夜まで（笑）。

――ツライズ（図6の②）とか、アハミバンタ（図6の③）とかまでですか？

ツライズも越えて、川わたって行きよったよ。アハミバンタとか、ユンミバンタ(注2)（図6の④）とかありよったねえ。ユンミバンタは伊部岳（図6の⑤）からしばらく越えてあったよ。伊部岳上がっていって。あの辺りから鍬の柄さ、あれ切ってから降ろしよった。一日中、山歩いて暮らしよった（笑）。

――その柄に使う木はなんて言うんですか？

フェーヌウィー(注3)といってさ、与那原の運送の人が来て、店（共同店）の人が買ってから。山原船《やんばるせん》でね。ユンミバンタゆうたらずっと後ろの方だよ、伊部岳のずっと上。オバァなんかが歩いた道は、今の若い人は絶対歩ききれんさぁ（笑）。ユンミバンタから伊部岳の下まで運んで、まだ陽が高いな、思ったらまた近いところから切ってきて、日に二回降ろしよったよ。

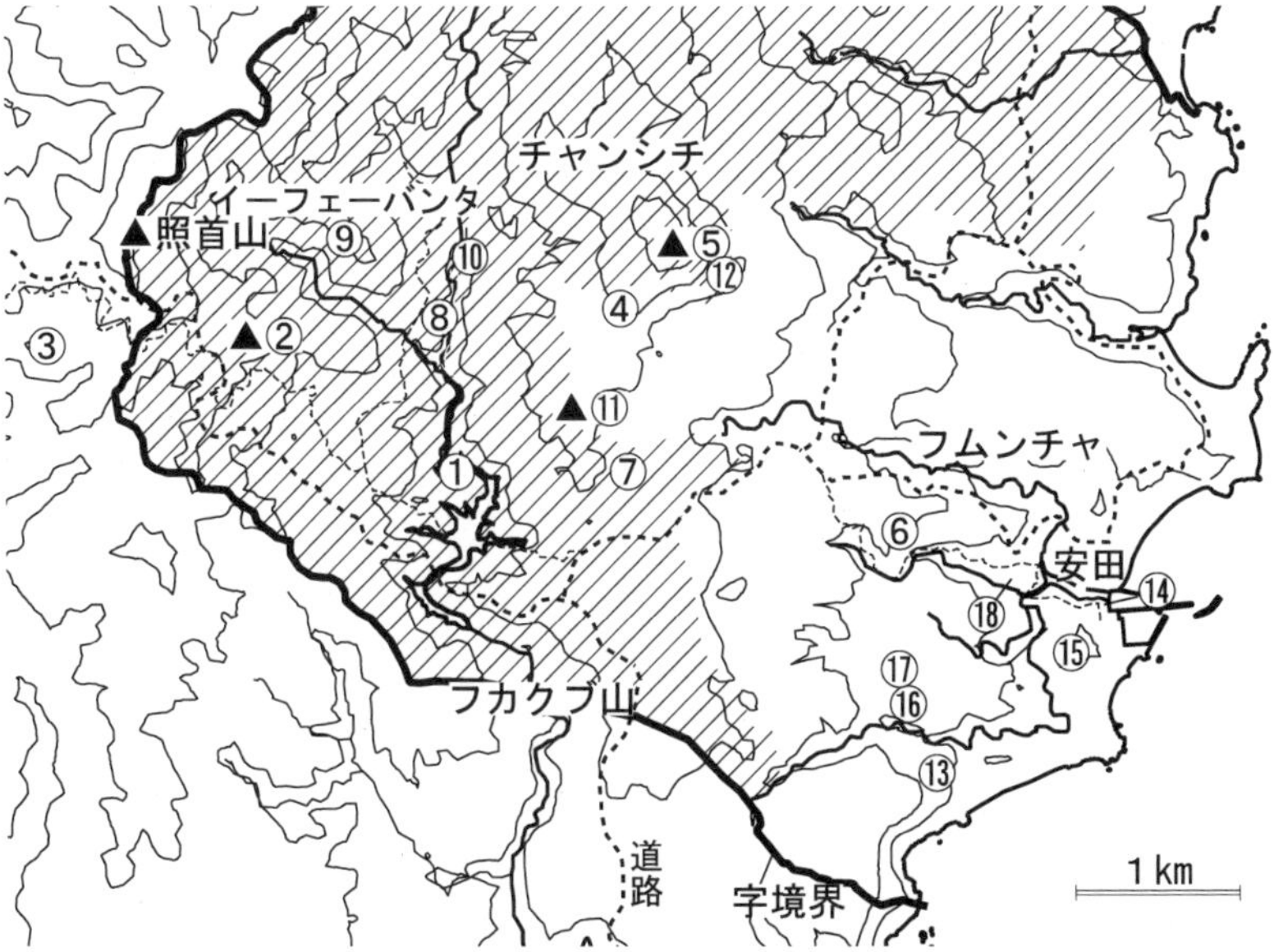


図6　話に出てくる安田付近の地名（斜線部分は国有林、番号は本文を参照）

――フェーヌウィーは一回にどのくらい運ぶんですか？

あれはね、三尺五寸くらいの長さで、四〇本くらいは括りよったかね。人の二倍は担いで持ちよったから。お店の人、こっちのTさんが調べてね。一本四〇銭くらいだったかね、良いのと悪いのがあって、値段も違ったよ。戦前からずうっと戦後まで。

――メージ（薪）も採っていたんですか？

そう。港に束を積んで、お店の人が買っておったよ。山原船から向こうに持って行きよったわけさ。メージは割って、竹で輪を作りよってから、巻いてから売りよったわけよ。昼に採ってきて、夜にこれ作りよったわけよ。寝る暇もないさぁ。竹は、ツライズあたりで採ってきよった。店のトラックがきて集荷して、安田の浜まで運んでから、また山原船で運ぶわけさ。（部落の近くにも）あったけど、もう採り尽くして、良いのが無いからあっちまで行って採るわけさ。

――部落から山に行くのは、ヒンナガー（図6の⑥）の道を通って行くんですか？

そう、あっち通って、伊部岳の方行ったり、フンガーの方行ったり、車があったら「拾い車（ヒッチハイク）」やって。車なかったら歩いて。

――Mさんは、ウメさんの竹がとっても綺麗だった、Kさんのお母さんもウメさんに山のこと習ったたって言っていました。道具はどういうのを使っていたのですか？

道具はカタナ。まだあるよ、見るか？　だあ、とってこようね……。これがカタナ（写真8）。これは削り物がやれるくらい研いでから持って行きよったからさ。毎日研いで。朝、暇ないさや、豚に餌やったりで。

夜のうちに研いでいたよ。

――山に持っていくのはこのカタナだけですか？

鍬の柄切るのは、鋸も持って行った。竹切ったりフェーヌウィー切ったり。（メージにする木を切るのは）大変。根っこ切ったり、枝を落としたり。メージはあんなに遠くまでは行かないで、フンガーのもっと下から。マチンチャ山（図６の⑦）は、そう、あの辺りからもメージはとってもよく採ったよ。マチンチャ山、ジチクマーシ、アパ（安波《あは》）クマーシ、フンガー……（笑）。フンガーからハシマタ（図６の⑧）、ウフシキ（図６の⑨）、ブルハシ（図６の⑩）……ウフシキは一番遠かった。ブルハシは伊部岳の方に行かないで、マチンチャ山から行くわけ。フンガーまでは行かないよ。タカシジ（図６の⑪）の下。あの辺は近くさ。[注4] もうもう、残った（歩いていない）ところないはずよ（笑）。

――フェーヌウィー採りにはメーバラ（図６の⑫）の方からですか？

そうそう、メーバラ言うたら伊部岳の下、あっちから店の人がとりよったわけ。

## ハブの夢

――道が滑りやすかったり、山歩きは色々危なかったんじゃないですか？

そう、危なかった。ハブもよぅく捕ったよ。ハブ捕り上手だったよー！　夜、夢見たらよ、朝みんなに「キイチキリヨー」って言いよったわけ。オバアが夢見

写真８　カタナ

たら、ちゃんと（ハブが）いるからって。こんな時は必ずいたわけ！　これは殺さないと歩かないわけ。見たら直ぐ殺す癖があったから。もう見たら逃さなかったよ。木（を）切ってからさ、叩くの。咬まれたことはない。オバアが夢見たら、ちゃんといるから。注意して。夢見るのも私、殺すのも私。本当にもう「蛇捕り」とみんなに言われよったよ。

――ハブは辻に埋めていたとお聞きしましたけど。

部落でとったハブはよ、辻に穴掘って埋めよったよ。部落もいっぱいいたよ。ヤンバルクイナの所（ヤンバルクイナ救急救命センター）が一番多かったわけ。私の上の上の兄が、こっちでハブに咬まれて亡くなったわけ。だから殺さないと気が済まない。

山のどこからでも、「こっちにハブがいるよー」って言われたら、私が走っていきよったわけ（笑）。男の人でも私みたいにハブ殺した人いないはず。

私のお母さんが、山に入るときは「ウスクマークンマガトゥーインドー、ドゥキリヨードゥキリヨー」って言ってから山には入りなさいよぅって言いよったわけよ。私のお母さんも「山の王」だったから。親の子だったはず（笑）。

――「ウスクマー……」？

「ウスクマークンマガ……」って私もこの意味は解らんさぁやぁ。「ウスクマークンマガトゥーインドー、ドゥキリヨードゥキリヨー」ってアンナィして（唱えて）入りなさいよって言われていたわけ。私のお母さん、こんなの一番関心ある人だったからよ。毎朝山に入るとき、こう言って入っていたわけ。

## ウメさんの畑と田んぼ

――ウメさんの畑はどこにあったんですか？　さっき、ジチバル（図６の⑬）に行ってみたんですけど。

マハニ（図６の⑭）から、ちょうど中頃にもいっぱい畑あるし、ジチにもあるさ。ミチブ（図６の⑮）から行ったか？　私なんかの畑は下から。フーチガー（図６の⑯）は、そう、こっちから行きよった。ジチバル行くときはよ、下から道があったわけさ。こっちからフーチガーまではみんな田んぼだったからよ。アラルンチラー（安田殿地田：図６の⑰）の所からみんな歩いて行きよった。

アラルンチラーとかフーチとか、みんな田んぼだけど、今は捨てて山になって、もう行ったこともないさ。田んぼの跡に大きな木も生えてる。もう、どこが自分の田んぼだったかもわからんさ。

――川のここ、イズマタ（図６の⑱）って言うのですかね。イジュが生えていたんでしょうか？

わからん、昔からイズマタ言っているよ。こっち「フカダ（深田）」言ってからさ、深かったわけ。ここら辺まで（首のあたりまで水が）来よったわけ。あっちから上がるときなんか、道（の縁を）掴まえて大変して上がりよったわけ。小さいときから山やら畑やら田んぼやら。もう、やってないことないよ（笑）。

――畑の肥料は？

豚、養ってたさ、あれの厩肥。あれ運んで畑にやりよったわけ。バーキ（ざる）に入れて頭にかけて担いでいくわけ。竹を挟むもの（運搬具）は「ハサギナ」言うたわけ。昔のやったもの見せたいね。昔はもう、貧乏人は「山の王」と言われて笑われたさぁ。あの時の生活は、雨降っても山にいかんと税金出さんといけんし、食い物は山から持ってこないとないさや。大変だったよ。

## ウメさんとヤンビシャ

――竹を採る場所は国有林ですよね、ヤンビシャに怒られるようなことは？(注5)

そうそうそう。あったよー。木なんか採りに「官山《くわんざん》」に入ったら大変だったわけ。ヤンビシャに見つかったら。(私は) ヤンビシャに反抗しよったわけ。「こっち切ったらいけないよ」って怒りよったからさ。「竹は自然に生えたものだよ」、「だったらみんなの生活もっとあげるかー」言ってよ (笑)。ヤンビシャと喧嘩しよったから、なんにも言わないで行く場合もあったわけ。だけど、官山から木なんかを切るのは大変だったわけ。民山《みんざん》は大丈夫だったけど。

ヤンビシャに捕まった事があったわけよ。何でかというとよ、私が荷をまとめる所に、男の人が丸木と鋸置いて行っていたわけ。この人が上から木を降ろしているときに、ヤンビシャがフンガーから登って来てよ。私を呼んで、「この鋸誰のか？」って聞くわけさ。「男の人いないよ」言うたら、鋸に名前が書いてあるって言う。男の人は、木を降ろしに (山の) 中に入っているから、私がこの人に聞こえるように、大きな声で「鋸を置いたのも見てない、こっちに来てないよ」って言ったわけよ。この木を切った人は、山の中で眠ったふりやってるわけ。ヤンビシャが山の中に入ってこの人捕まえてよ。夕方なったらオバアもこのヤンビシャ屋に呼ばれて、私が隠して言わんかったって。大変だったよ私 (笑)。このヤンビシャはウーマク、チューバー (腕白、利かん気の強い人などの意) だったわけさ。

――ヤンビシャは安田に住んでいたんですか？

こっちのお家に宿していたわけさ。そっちに、もう二、三回呼ばれてよ。ヤンビシャがこっち辞めるとき、あんな意地悪なヤンビシャは早く辞めたらいいよって反抗して（笑）。「ウメさんもたいへんだな、僕も仕事だから」って。ここから安波に行ってから、あっちでも意地悪して。竹切って、人が歩くところに刺して、歩く人に怪我させてよ。安波の人にも嫌われて。とっても意地悪だったわけ。

――竹を採る分には、ヤンビシャは文句を言ったり、道具を取り上げようとはしなかったのですか？

文句は言いよったよ。官山から採ったらさ。言いよったけど、「ここで採らんと、どうしてか生活やるか」って反抗したから、あれからあんまり強くは言えなかったわけよ、向こうはさ。一回は（カタナを）取り上げようとしよったから、「あんたがこれを取っても家にはまだ別のがあるから」言ったらさ、一日取り上げてから返しよった（笑）。

## 竹とメージ

――竹は道沿いに生えているのを刈るのですか？

山の中からよ。山の中に立ってるのを採ってくるわけさ。太さは、こんなもの（人差し指くらい）。長さは、六尺三寸くらいだったな。(注6)竹は、屋根を作るさ。ひもで編んでからさ、瓦なんか載せるさや。骨組みに。山原船なんか買いに来よったわけよ。離島から。与論なんか那覇あたりからもいっぱい。メージでも竹でも、売店が受け取ってから、売店から船に乗っている人達がまた買いよったわけ。

――メージについて教えてください。

アカメージ言うたらね、アカムン（赤いもの＝木肌が赤い木）混ぜないとシルムン（白いもの）だけは受けとらんかったわけよ。ティーチ（和名シャリンバイ）とかユシギ（和名イスノキ）とかいってからさ、アカムンがあったわけよ。まず、メージというもの六本括るんだったらアカムン三本、シルムン三本しないと取らんかったわけ。（アカムンは）あまり無いんだけどさ、こんな大きなのを倒してからさ、混ぜておかないと。

――シルムンはどんな木ですか？　イジュや松などもシロムンですか？

シーギ（和名イタジイ）とかサーチブ（和名ホルトノキ）とか。イジュもあるさ。あれも赤いものには入らん。マチ（和名リュウキュウマツ）は入れんかった。

――マチは使い途なかったんですか？

マチは、松杭にして買う人おったけど、あれは大体、男の人だけよ。男が切ったら女の人が運んで。オバァはあんなやらんで、全部一人でやったから（笑）。マチは工事やるさ、港なんかの、杭を使うさ、あれなんかにマチは使いよった。

## 雨とイーマール

――ウメさんは、山へは友達と行かれるんですか？　山稼ぎの思い出というと？

そうそうそう。友達と。友達は七人くらいいたな。あれからもう、一、二、三……もう四名亡くなったな、もう。オバァなんかより半分の歳だったけど。

毎日、雨が降っても行かんといけんさ。雨の日に山に行く言ったら、「今日も行くのかぁ？」ってみんなに言われて……。（子どもが）高校三年の時に、もう、土曜日に取りに来るから、金曜日でお金をちゃんと作っておかんといけないから。一遍にお金を作れるように、竹、みんな貯めてあるわけ。だけど、大雨降ったら大変さ。今日はもう行かれないって、店からでも借りて、今日はもう行かれないよって、みんな言うわけさ。だけど、人から借りるのが嫌だったわけ。竹は置いてあるから、巻けば良いだけだからよ……。

向かいの家のおじさんがよ、「店に貯金を置いてあるから、これ持たしとけー、ゆっくりやれー」って言うてくれたけど、晴れたら、行って巻くだけだからって言って。人から借りるの、私、嫌だったわけ。でも「今日の雨は絶対晴れないよ、もし晴れないで行かれなかったら貸しておくよ」って。

ずっと晴れるのを待っていたけど、夕方になっても晴れないわけよ。そしたら、おじさん自分で持ってきてから、「これ持たしておきなさい、いつでもお金作ったらいいから」って。このおじさん早く亡くなってよ。こればっかりは忘れられん。今でも話するよ娘と。これがもう忘れられない。

――そうやって、部落の人が助けてくれるって、ありがたいことですね。

本当によ。親子兄弟のように、もう親心だったわけよ。あの人は海歩いてから（海で仕事をしていたという意）、とても人助けやりよった。

## フンガーの渡り方

――昔は、フンガーを渡るのは大変だったのではないですか？

フンガーもう大変だったよ。雨降りの時はよ。もう渡られないでさ、私なんか泊まったことはなかったけど、フンガーの向こう側、反対側に大きな木があったから、この下に泊まってから来る人もいたんだよ。辺土名《へんとな》から歩いて、店の煙草取った（運搬した）りさ、品物取るのも歩いてから行きよったから。大きなカゴ二つ担いで。本当にきつかったはずよ。

反対側に、長い木がこんなしてなってるのがあったわけよ。私なんか、友達と四、五名でよ、この木、根は切りはしないで曲がらしてからさ、雨が降る前によ、あっち渡してから大きい紐で括《くく》ってからさ、引っぱって。橋代わりにして、渡ったこともあるよ。雨が降って川が怖いなー思ったらさ、この木に掴まえてからさ、一人ずつ、たくさん渡って外れたら大変だからさ。フンガー、水が大きかったら大変なことになるよ。

## ウメさんの食事

——山での食事やおやつは？

弁当、ご飯持って行く人も、お芋持って行く人もいたけど、私はご飯食べないわけよ。弁当持って行っても、一口しかご飯食べんから、鳥に餌あげてから。山歩きよったわけよ。若いときから。だからみんなに、なんでぇ、こんなにやってから食べないと仕事やられんよぅってから笑われよったよ。今でもそんなんだがよ。お芋一つ食べたらもうこれでいいから（笑）。

——それじゃ、力がでないんでは？

そう、みんなに言われよったわけよ。しかし、病気やったことないよー。今、血圧が高くなってから薬飲んで歩くようになったが、小さいときからお腹こわしたり、風邪ひいたことは本当にない。貧乏続けるからかな。珍しいよ、自分でも。魚や肉なんか私食べんわけ。野菜があったら、野菜でいい。本当に珍しい人（笑）。一番上の兄貴が、ウミアッチャー（漁師）だったから、私が一三（歳）の時に、兄さんの子どもをおんぶしてから（子守りをしに）、宜野座《ぎのざ》に行ったわけ。この子どもたちが生まれたから、学校も辞めてから行ってからさ。向こうの学校も、一回入学やってからもう行かんわけよ。あっちは浜辺に家があるさ、ウミンチュは。家から部落まで遠いさ。小さい道だったから怖くてよ、道歩くの嫌でよ、学校行かないでそのまま無学になったわけ。それで、一三から金武《きん》によ、魚、カマブクヤー（蒲鉾屋）にさ、魚三〇斤頭に載せてからさ、金武まで持って行きよったよ。

——宜野座から金武までですか？

そう、浜辺からよ、宜野座の浜辺から。本当になあ、自分でも珍しいさー。結局、刺身は食べきれなかった。今でもそうは食べれんよ。ご飯少しあったらさ、野菜あったらそれでいい。貧乏性だったからかわからんけどさ、本当に自分がおかしいよ（笑）。

——ウメさんのご馳走は？

私はご馳走作らん。野菜で充分。

## 誰かが守ってくれている

——山に入っているときは裸足ですか？

裸足！　そうそうそう、履き物、全然履かんよ。しかし、こんなに山歩いてもよ、足なんか怪我やったこと一遍もなかったよ！　本当にこれだけは不思議。今でも話するよ私。あんなに山歩いて、あんな若いときから年取るまで足怪我したこと一度もなかったよ。珍しいよ。ファーフジ（祖父母）が守ってるか、親がこっち守ってるかわからんけどさ。本当に珍しい、これだけは。

——みなさん竹の切り口で怪我されたりしてますよね。

足痛めたりしてる人いるさ、足なんか痛ませたら……。不思議よ、本当に。貧乏育ちが良かったのか分からんけど。私のお母さんも山で生活やってきた人だから、お父さんが喘息持ちで、私の妹が生まれてからちょうど二か月くらいにお父さんは亡くなったってよ。だから、七名の子ども自分で山稼ぎしてから育てたわけ。だから、みんな不思議だなと思うさ。

——刃物で手を怪我されなかったですか？

ううん、怪我しなかったよ。本当に手も足も怪我やったことはなかった。カミサマが守ってくれてるさ。私なんか怪我したら、やりきれんさぁ、山行けない。本当に不思議よ。

——まだまだ、お聞きしたいことがたくさんあります。また、お話を聞かせてください。今日はありがとうございました。

（聞き手　三輪大介）

注１　地図上では普久川と表記されるが、地元ではフンガーと呼ぶ。

注２　「アハミ」は安波を、「ユンミ」は与論を見通せる場所。「バンタ」は切り立った斜面を指す。

注３　「フェー」が鍬、「ウィー」が柄。材はアデクを用いた。

注４　安田地区周辺の多くの山名、あるいはその周辺地域を指す名称には、「ツライズ」や「ハシマタ」のように樹木の名前が冠せられている。

注５　王府時代の山林管理の役職である「杣山筆者《そまやまひっしゃ》」は謝敷《じゃしき》、辺戸《へど》、安田に駐在していた。国有林を管理する営林署の森林官吏を「ヤンビシャ」と呼ぶ。

注６　建築資材に使われていた竹は、おそらくリュウキュウチクと思われる。

## 写真・図等の出典

本誌に掲載した写真・図等は下記の資料を使用しました。

写真

沖縄県教育委員会：写真 5

国土地理院①：写真 6

当山昌直：写真 1, 7

渡久地健：写真 2, 3, 4

三輪大介：写真 8

図

国土地理院②：7, 37, 59, 73, 95 頁の扉図

国土地理院③：図 3, 5

国土地理院④：図 2

国土交通省：6 頁図

※写真・図の使用方法

・沖縄県教育委員会：沖縄県史図説編『県土のすがた』ＤＶＤ＜ 2006 年発行＞ 1945 年 2 月 28 日米軍撮影 3PR5M63-98 より作成

・国土地理院①：1964 年 12 月 21 日米軍撮影 LSV Line12-66,67,68 より作成

・国土地理院②：数値地図 50000 地形図画像（2001 年 3 月 1 日発行）より作成

・国土地理院③：数値地図 25000 地図画像（2002 年 4 月 1 日発行）より作成

・国土地理院④：2 万 5 千分の 1 地形図（平成 17 年発行）を使用して作成

・国土交通省：国土数値情報（行政区域、海岸線データ）を使用して作成

## 聞き手紹介

安渓《あんけい》貴子《たかこ》:愛知県生まれ。植物屋。山口大学非常勤教員。主な著作に『森の人との対話――熱帯アフリカ・ソンゴーラ人の暮らしの植物誌』(東京外語大AA研) など。

安渓《あんけい》遊地《ゆうじ》:富山県生まれ。ヒト屋。山口県立大学教員。主な著作に『西表島の農耕文化』(法政大学出版局、共著) など。

渡久地《とぐち》　健《けん》:沖縄県本部町生まれ。サンゴ屋。琉球大学非常勤教員。主な著作に『熱い自然――サンゴ礁の環境誌』(古今書院、共著) など。

当山昌直《とうやままさなお》:沖縄県那覇市生まれ。島の動物屋。(財) 沖縄県文化振興会職員。主な著作に『琉球列島の陸水生物』(東海大出版、共著) など。

早石《はやいし》周平《しゅうへい》:大阪府生まれ。サル屋。琉球大学非常勤教員。ふだんは屋久島のサルの歴史を遺伝子から調べたりしている。

三輪《みわ》大介《だいすけ》:福岡県生まれ。ムラ屋。主な著作に『グローバル時代のローカル・コモンズ』(ミネルヴァ書房、共著) など。

盛口《もりぐち》　満《みつる》:千葉県生まれ。博物屋。沖縄大学教員。主な著作に『生き物屋図鑑』(木魂社) など。

表紙絵:渡久地　健
地図作成:早石周平ほか
版下作成:当山昌直

聞き書き・島の生活誌④
海と山の恵み――沖縄島のくらし2

2010年2月25日　発行

編　者　早石周平・渡久地　健
発行者　宮城正勝
発行所　ボーダーインク
〒902-0076　沖縄県那覇市与儀226-3
電話 098(835)2777 Fax 098(835)2840
印刷所　でいご印刷

ISBN978-4-89982-175-5